お役所「出世学」50講

地方公務員の人生読本

本宮春城［著］
Haruki Motomiya

都政新報社

まえがき

平成八年（一九九六年）頃『都政新報』紙上に書き始め、その後出版の運びに至った『お役所で出世する法』を世に問うてから、早くも十年の歳月が流れた。

筆者は、出版した後、なお三年ばかり役所に在籍していたが、その後、都心のある大手建設会社の社員となって、役所とは違った機構、風土、習慣の中で、人事をも含む役所の情報を集め、役所を相手にする仕事をしながら七年一カ月を勤め上げた。

そこは役所とは当然のことながら、かなり違った世界であった。役所では見られないような「出世」にかかわる多くの事どもを見、聞き、体験することが出来た。その中には役所とはまるで百八十度違った、いわば瞠目すべきことも少なくなかった。

今回、都政新報社の厚意により、『お役所で出世する法』の改訂版を書く機会を与えられたので、この民間会社での数々の経験を加味して、役所の出世を考え、併せて、十年の歳月の経過の中で役所の出世を取り巻く周辺状況の変化をもとらまえて、提示していきたく思っている。

なお、十年前初版を出した際に、インフォーマルばかりを強調しているやに読んだ向きがあるようだったが、そうではない。

フォーマルは出来て当然の前提であり、多くの職種の仕事を抱える役所で、フォーマルから普遍性を持つような出世に結びつくセオリーを抽出するのは、やってもあまり有効なものは出てはこないだろうと判断したからである。

文中に多くの実例を挿入してある。言うまでもなく実例であるから、すべて実際にあったか、あるものばかりだが、迷惑がかからない限度にとどめた。

お役所「出世学」50講

目次

第一章　口には出せぬが内心は

1　「出世」はますます禁句となっている

十年の間に「出世」をめぐる諸状況も、社会の他の事ども同様に変化した。変化の最たるものは、出世に対する求めはますます強くなったにもかかわらず、個人が自分自身の出世を、とりわけ、出世したいという希望、欲望をますます語ってはならないものとなってきている事実だ。

スポーツ選手の中でも、とりわけ所得が高いと言われるプロ野球選手のインタビューはそのことを如実に示す。

「チームのために少しでもお役に立てれば…」

「チームの優勝に貢献したい」

「監督を胴上げしたい」

みんな言うことは一様にチームのために働く。誰一人として、

「二冠王を取りたい」

「最多勝利投手となって、今までの記録を塗り替えたい」

などと個人記録を狙おうとする志などおくびにも出さない。

個人記録が先で、個人の好記録の結果としてチームの優勝があるのが筋道ではあっても、そのことをあえて口にはしない。言ってはならないのだ。今や禁句になっていると言えよう。


役所における出世も、これと同じようなものとして言われてきている傾向が強まっていると思う。ここでは、自治体のため、国のため、ではまだ弱い。「納税者のため」でもまだ弱い。税金を払っていない人々がいるからだ。

究極は「住民のため、市民のため、国民のために望ましい」に尽きる。「自分のため」「俺のため」「私のため」は押し隠す。思っても、言ってはならないのだ。

押し隠した結果「おためごかし」?が口端にも上らなくなって、しかも、やることもその通りになってしまえば問題はない。人々のためにだけ行われるのだから。ところが往々

にして、行う行為はそのようにはならない。衣の下の鎧がいまだ見え隠れするところにある。

　本当にきれい事のような世の中になっていくのか。人々のためだけに終始する世の中になっていくのか。人間は度し難い一面をも持つ。疑問を禁じえない。数の上では世論が勝るのだが。世論は不特定多数の上に構築されているという側面がある。不特定多数の数の上では、やがてそうなっていくはずだが。

　しかし、今後は記者会見をして、

「私を選んでください」

などと、堂々と言う選手は出てこないのではあろうが、今しばらくの間は、衣の下の鎧をいかに包み隠しつつ、自らの利益を図るかというところに終始する時代が続くのではあるまいか。

それでなければ、行き着く先は僅かばかりの給与で全くの自己犠牲を多くの公務員に求めていくことにもなってしまうわけで、「やってられない」という事にもなりかねないのだから。

2　格差社会と出世

次に十年の間に著しく変化したと思われる「出世」をめぐる事情の第二のものは、小泉内閣によって進められたとされる、いわゆる「格差社会」と出世である。

あるマスメディアの報道によると、サラリーマン社会の格差は正規社員と非正規社員との収入の差として顕現しているとのことだ。正規社員の収入一〇〇に対し非正規社員の収入は五四の割合なのだそうだが、その平均月収額を比較すると、正規社員が月四十五万円に対し、非正規社員は月二十五万円だとのことだ。

ちなみに男性社員と女性社員の収入の割合は、男性社員一〇〇に対し、女性社員六七の収入だとか。

表面切って言ってはならないこととなってきているにもかかわらず、人々の出世への願望、欲求はますます強くなってきているが、その原因の大きな一つはこのような格差構造からくる。手っ取り早く勝ち組に入るためには「出世を！」ということになる。
「年収３００万円で暮らす方法」などという本を書いてベストセラーとなり、印税を稼ぎまくる一方で、耐乏生活指南者のような位置におかれたその本の著者は、八千万円の年収があったという世の中が、そのことを漫画チックに語っている。今日ただ今の負け組の内情をよく知りもしない勝ち組が、もっともらしく負け組に講釈を垂れていたのだ。
勝ち組、負け組は公然と言われ、負け組に

はセーフティネットを充実させて、用意するとされた。もともと、優れた頭と持ち前の行動力を基軸として三十代や四十代の比較的若手が電子ネット社会を使い、投資原理に則って百億単位の個人所得を稼ぎ出すなどという現象も生じた。

この過程の中で、到底もうその領域には入り込めないとして、抱いていたかすかな出世の希望をこの十年の間に断念した人々が増えているに違いない。

そはさりながら、役所の出世に典型をみるように、小さく一歩前進のような出世に逃げ込む余地は未だ少なくはない。シコシコとそつなく僅かながらでも一段一段を上っていくのも出世の一つには違いないのだから。

3　個人プレーの余地はどんどん少なくなってきた

第三に指摘しておきたいことは、ますます個人では、組織に対抗出来なくなっている現象だ。もう個人は、組織力に対しては競合さえ出来なくなっている。

組織がその強大な力をもって、個人力を呑み込んでしまうことや個人力を潰してしまうことは、いとも易しいこととなってきている。大が小を呑み込んでしまうとも言える。

したがって、個人としては組織に入り込んでその中で出世を図ることが、比較的唯一の可能性の高い、激しい労苦を伴わない方策になってきている。

かつて、組織を飛び出し個人で独立起業をすることが、憧憬の念で語られる時代があった。今、何十年を経て、これら独立した個人がどうなっているか。艱難辛苦《かんなんしんく》の末、一応大

手企業の下請けや孫請けとなって、一国一城の主を構えている人もなくはない。
しかしその払った代償は、組織の中にいて払うであろうそれに比べ、その激しさ困難さは甚だ大なるものが要求されたに違いない。
組織からの飛び出しは、特別の能力を持った人か、世に求められる数少ない技能や経験を持った人において初めて組織に対抗出来るものだ。都知事選挙に、今回（平成19年4月8日投票日）も立候補した発明王のドクター・中松氏や前に立候補した大前研一氏を思い浮かべていただければ判然とするはずだ。
成功物語はよく注意して読んでみれば、総じて傑出した能力とキャリアを持ち、世に際立った専門を持っているごく少数の人に限られているものだ。

ましてや、役所人で凡人の飛び出しなどは無謀そのものだ。少し考えてみれば、今、四十歳代や五十歳代の専門を持たない、気位が高く、横柄な、長い間権限と税金に守られて仕事をしてきた平凡な公務員を、好き好んで雇う民間企業があるだろうか。まして独立しての商売などにおいておや、である。

平凡な公務員が出世を考えるなら、役所の中から飛び出すことなどは論外だ。その目論見、試みは必ずと言ってよいほど失敗する。

幾年かたって尾羽打ち枯らして懇願しても、もう絶対に再び公務員の世界に舞い戻ることは通常の人にはかなわない。制度がそうさせない現実があるのだ。個人プレーは組織の中だけでなく外でも効かなくなっている。

なお、ここで取り上げていることはあくまで組織対個人のことであって、組織から組織へ移る転職の話とは別のことだ。転職についてはは別に項を変えて書く。

元々「組織」なるは、個人を一つにまとめて仕事をする所だ。その方が効果は大きいからだ。それに個人としても組織に所属して組織の中で仕事をした方が力はつく。

そして組織が嫌う最たるものの一つは個人プレーだ。係長制度はとうの昔になくしたとか、部課長制を廃止したとかはしばしばメディアをにぎわす。

しかしそれは、よく見てみると名称を変え権限を多少動かした程度のことにすぎない。組織、チームワークで仕事を進めるという大原則は変わっていないのだ。例えば、組織上の名称が係長からチーム長と変わった、などだ。

言うまでもなく、チームで仕事をし、成果を上げるためには、まとめる力が必要だ。総合力において一段優れた者の力がいる。それが従来の係長であり、今日のチーム長であるにすぎない。

4　派遣制度の普及

十年の間に大きく変わったことの第四は、労働市場における派遣社員制度だ。今や二十五歳から三十五歳までの労働者のうちの四分の一は派遣社員だとも言われる。

役所の場合には臨時職員制度というのが法定されているが、これとは根本的に異なる雇用形態だ。

なにしろ、その会社で働いている者が、その会社との身分雇用関係がない。働きぶりの評定や成績報告などは、直接派遣社員を受け入れて使用する者が行うのであろうが、なにしろ「出世」の生殺与奪の権は派遣会社が握っている。

派遣会社がどんな基準で「出世」をさせるかなど、日々、派遣会社にいるわけではない

ので、その辺の情報がともすると希薄になる。もっとも、制度を分析し、出世をかなわぬものとして諦め、当面、金を稼げれば…くらいに考えている人が少なくないのかもしれない。
派遣制度は、労働の提供を受ける会社にとっては便益の多いものだ。会社で働く当該労働者との身分関係が一切伴わない。待遇や賞罰などに煩わされなくてすむ。
仮に箸にも棒にもかからない社員が派遣されてきたら、派遣会社に文句を言えば人を代えてくれる。労働組合だって生じる余地はない。
このような、能力だけを売る合理的で究極の人事制度と思えるようなものは、やがて役所にも及んでくるに違いない。分業が合理的で生産的だ、と役所の業務をどんどん委託に出しているように、雇用職員の人事、身分、福利厚生の業務を派遣社員にかかわる部分について委託に出す、というより、取り扱わないということになるのだから。

5　電子社会の拡大、一般化

第五にあげることとは、電子社会の急速な一般化だ。今や、中央、地方、本庁、出先にかかわらず、どこの役所に行っても職員の机の上にはパソコンが乗っている。一人一台に近いのだ。指示や意見交換など、いながらにして即座にすむ便益がある。

十年前こんなことはなかった。都庁などでもせいぜい一課に一台程度であった。出先から人を集め本庁で頻繁に会議を開いていた。

電子化は今日、対外的にも役所の事務の随所に使われるようになった。発注工事をめぐる業者間の談合防止の一環とばかりに自治体が次々に採り入れた電子入札などは、その最たるものだ。

公営企業が住民の意向を尋ねるモニターなども、今やインターネットで行われる。少数ではあろうが何割かを占めるであろうインターネットを扱わない消費者の意見はどうなるのか、無視されてしまうのか心配でさえあるのだが。

出世のツールとして、電子機器を使わない手はない。最近まで私が勤務していた民間会社の社員は、こぞってこれら機器を駆使していた。

年賀状や暑中見舞いなどはハガキではなく、メールをもっぱらにする社員が若手では大半であった。少なくとも、通り一遍の常套句しか書けない年賀ハガキに比べれば、メールは個性的なことも書け、ある種のアピールも可能な余地がある。昔の直接の上司で遠い地方へ行っている先輩などへのご機嫌伺いなどには極めて便利だ。

もっとも、ほとんどの者がこれをやるようになってしまえば、かえってハガキの方が希少価値となって目立ち、印象にも残るということにならないとも限らないが。

6　大半の人は出世を求めている

出世の願望を口にすることは、ますますはしたないこととされつつある雰囲気とは裏腹に、出世の要求はより多くの人々の大きく望むところとなっている。言うまでもなく出世には所得の増大、権限の広がりによる仕事のやりがいや面白さの広がり、社会的地位の拡大などが伴うからだ。

そして出世の要求は、金儲けの要求と同様にそのとどまるところを知らない。一つの地位を極めれば次の上の地位へ、次を極めればその次へと止む事を知らない。止むとすれば取り巻く周囲の状況から、やむなく、これはだめだと知らされ不本意ながら自ら諦めてしまうとき以外にはない。

もちろん体を壊したとか、どうしても出世以上にやりたいことがあるなどの事情がある場合は別だ。特に、後者の場合は何もその組織にぶら下がっていることはあるまいと通常は思われるが、当人にとってはそうもいかないものがあるらしい。これは、役所人には少なくない。役所勤めには、出世を狙わなければ、ふんだんに個人の時間があり、なおエネルギーが残るからだ。

「出世なんか考えていない。住民のためになればそれで満足だ」

というのが今日的優等生の言う言葉だ。しかしそれとは裏腹に、

「おれは出世したい、出世しなければ」

と内心では思っているのが本音のところで

はあるまいか。

出世しなければ格差社会の勝ち組になることは出来にくい。負け組にはなりたくない。建前社会の最たるものだといえよう。

しかし、このことは何も悪いことではない。出世を求めて競い合うことは結果として、世の中の発展に結びつくからだ。競争社会はさまざまな弊害を生むと声高に喧伝する組織があるが、逆に、皆が出世を望み得ない社会機構を思ってみるべきだ。

機会の平等がなく人々の無気力な退廃的ムードが、ジワーッと覆っている社会が消えていった例は歴史において少なくない。

先頃、大金を儲けたと言われる村上ファンドの代表者・村上世彰氏が、記者会見の場で、図らずも「金儲けは悪いことですかね?」と言ったが、いみじくも、問い得て妙だった。ズバリ本音に迫っているのだ。「出世は悪いことですかね?」と問うことと同じ響きを持つと思える。

この点では、日本にはもう一つこの種のものがある。SEXである。「金」と「出世」と「SEX」。これらは、極めて人間的事項ではないか。

7 「出世」一本にしぼり込む

少数の出世以外の目的を持った者を除いて、誰もが実は望んでいる出世の競争に勝つためには第一に自身、常に「出世」を内心明確に心に意識し、それ一本槍で進まなければならない。しかも、おくびにも出さないようにひた隠す。

公務員が名望家の余技であった戦前や戦後の早い時代ならともかく、役所もサラリーマン世界となって半世紀以上もの時を経た。そこは出世を標榜する者の集まり、出世の競争社会だ。あっちの道、こっちの道と秋波を送っていては他人に遅れをとってしまう。

照準は出世。すべての行為は終局的には、そこへ収斂《しゅうれん》していくように考え、行動しなければならない。

組織の中の出世において、重要なのは「上司」と「仕事」だ。さらに、出世のために設けられている諸制度、昇進のコースとハードルを事前に十分検討しておくことだ。
さらに突き詰めれば「上司」。近年は「仕事」の占める割合がかなり高まっているが、それでもなお「上司」。特に仕事の成果が係数などで表せないものを多く抱える役所では、まだまだ「上司」。生殺与奪の権は「上司」にある。

8　トップ、ひいては上司の意向が奈辺に在るかを良く分析し付《そん》託《たく》する

とはいうものの闇雲に突進してはならない。周り、特に直接の上司がどう考えているかに神経を使わなければならない。上司が係長、課長、部長と一カ所に固まっている場合には全部の、出先機関のように離れた所にいて、同じ所には係長しかいない場合はその係長の意向、考え方、その傾向を分析し把握しておかなければならない。そして仕事をする場合などには、その意向に沿って動かなければいけない。

よく、時々いかにも物分かりが良いようにして、

「気づいたことは何でも言ってくれ」

などと民主的ぶる上司がいるが、うっかりそれをまともに受けて「気づいたこと」をど

んどん進言していたらどうなるであろうか。「うるさいヤツ」で処理されかねないのは目に見えている。

上のポストに引き上げてくれたり、そのための具申を自らの上司や人事当局にしてくれ、しかもそのことに説得力があるのは、直接の上司なのだから。人事当局は、ほとんどの場合は直接の上司の意見をまず第一に取り上げるのが通常。

直接の上司の意見の代表格は勤務評定だ。都の場合は業績評定に直接タッチ出来るのは課長以上の職員だが、しかし間接には日々の係長の意見が大きく事を決めるという実態がある。

かりそめにも上司がそばにいないからといって悪口など口にしてはならない。飲み屋で話したことは、翌朝には、もう上司に伝わっていると思わなければならない。

最近は数少なくなったが、学校を出て数年もしない駆け出しの職員が、生半可な活字知識をひけらかして直属の係長に食ってかかっている姿があった。

なかには、何かというと無闇に係長の意向に反対する者もいた。このようなスタイルを改めず続けていた者は決して出世はしなかった。出世を望むなら上司の意向に逆らってはいけない。上司に逆らっての出世はおぼつかない。

ここで、ある公共事業組合で実際に起こり、裁判沙汰にまで至っている、上司に悪態を吐いて四階級格下げをされた実例を紹介しておく。

格下げされたのは三十六年勤続の総務部長。五十八歳。男性。次長、課長、課長補佐と通り越し、何と管理係長に落とされた。それによって本給月額四十七万円が四十五万円になり、管理職手当月額四万七千四百円が支給されなくなった。

悪態を吐いた相手は、機構上の上司である公共事業組合の監事と理事。外部に出てきた、問題とされている悪態を、吐いたとされるのはいずれも酒の席。数回。慰労会の二次会でというのもある。いずれも、当該の上司に面と向かって毒づいているようだ。悪態の一例、次のように、だ。

「用水路の改修に消極的だ。そんなことでどうする」

「世間ではどうにもならないヤツと言われている。死んでも、誰も葬式には行かない」

降格された元総務部長は、裁判所へ提訴した。第一審の地方裁判所は降格された側を勝たせた。その主たる理由。人事裁量権の範囲の逸脱で違法な処分。敗訴した公共事業組合側が控訴。

第二審の高等裁判所は、地方裁判所判決とは逆に、降格された側の敗訴とした。暴言を繰り返し、総務部長としての適格性がない。管理職には酒席でも節度ある態度が求められる。よって処分は適法というのだ。元総務部長は最高裁判所に上告すると言っているとのことだ。

9　上司は仕事遂行の能力だけで選ばれているのではない

昇龍の勢いの新興企業ならいざ知らず、役所の人事において、上司が仕事は出来るという一点だけで選ばれるということはあまりない。仕事の知識が抜群だけでの就任などは、知識の塊のような専門職を除いて係長の場合、まずない。今なお、基本的には年功序列の要素が高い。

やる気は旺盛だが少々空回りの傾向のある若い新参者が、仕事上のちょっとしたことで行き詰まったときなど、まずは大声で係長に質問する光景が時として見られる。

係長は若者の理論ならぬ理屈っぽいしゃべり口をもてあまし、結論だけを言い、そのようにするようにと指示をする。仕事の処理の上で、その指示は的確だ。若者は指示をよく

理解出来ず、さらに理屈をこねまわす。

そしてその夜、飲み屋で、

「あの係長は仕事をろくに知らない」

などと、酒に酔った勢いで自分勝手に結論づけてしまう。このように上司を駄目呼ばわりし、小ばかにする若者の出世はおぼつかない。

さらにつけ加えれば、この若者はやる気があるということだが、やる気があるということも組織においては必ずしも誉められたものではないケースもある。

①やる気があり、能力もある場合
②やる気がなく、能力のある場合
③やる気があり、能力のない場合
④やる気がなく、能力もない場合

これらの中で、組織にとって一番困るのは、③だといわれる。ともすると組織の撹乱要因になるからだ。

10　役所と民間の「出世」の違い

わずか一年やそこらの民間会社の勤務の後、公務員試験を受けて役所へ入ってきた者がよくしたり顔をして言う。

「こんなことは民間ではとうの昔からやっていますよ」と。

しかし、民間と役所とではいささか本質的に異なる部分がある。出世をめぐる諸状況においてもそれは同じだ。

言うまでもなく基本的な違いは、民間企業は利益を上げなければならないということ。役所はその民間企業があげた利益に着目して、その中から法令に基づいて徴収した税金でやっているということにある。この根本的なところからすべての違いは出てくる。

民間企業の仕事に対する評価は利益中心、結果オーライの世界だ。利益の前には多少のことは目をつぶってもらえる。それはそうだ。利益は会社のレーゾンデートル。利益が上がらなければ会社自体がつぶれてしまうことさえあるのだから。

役所はそうはいかない。行政は公平を心がけねばならないと言われる。利益になるからといって、その部分にのみ傾注するというわけにはいかない。全く成果からは程遠いことに対しても平等観のもと、公平化を意図しなければならない。

役所の仕事は民間企業のように、その成果を係数化し得る部分が少ない。民間企業ならば売上目標、利益目標、経常利益の実績、伸び率、研究開発達成目標額等々ほとんどの仕事が係数化されているといっても過言ではない。

役所のカバーする領域は甚だ広い。領域だけで見れば、民間会社の何十社分もの領域をカバーする。領域にはそれぞれ評価の独自の基準がある。そこでは必ずしも係数化して事足れりとする領域ではないところも少なくない。要するに、相互の比較にならないのだ。

仕事の成果は比較に難であっても、役所組織下の人事事務は一本だ。比較に耐え得る統一基準を設定しなければならない。そこに勤務評定やら業績評定の統一方式が出てくる。

広義で言えば、民間企業の「利益」に相当する部分が、役所の各セクションにおいて何なのかを、人事異動で行った先々でよく吟味して、それによく対処することが、出世のいかんを決定すると言えようか。

コラム1　先々と見ていく

この人は、物事を先々まで見て語り、進言し、行動をするということが得意でした。

「今度の議会は○○につきる」

「この委員会で論議されるのは、多分、今度は○○だろう」

「次回の交渉で住民側が言ってくることは○○だ」

といった具合に。

まるで株式投資を半ば業にして証券会社の店頭に集まる素人擬の者や、競馬の予想屋のごときでもありました。

これらの業者、予想屋は当たることが少ないのが通り相場なのですが、この人の予測は実に的を射ており、よく当たりました。周囲はどうしてこんなにも明確に見通せるのだろうとやや訝《いぶか》りながら不思議に思っていました。

そんな時に、ある名の知れた経済専門誌に若いこの人の書いた論文が載っていたのです。周りの皆はコピーして論文を読みました。

そこでは、大胆にも、ある国の十年スパンの経済予測をしていました。周りのほとんどの者はあきれ返ってしまいました。論題のことなど、つゆ考えてみたこともなかった者が大部分だったからです。なかには、こんな事を考えて何の役にたつんだなどと陰口を言う者さえいました。

この人は後に出世して遂に組織のトップに上り詰めました。後々、この人は言ったものです。

「陰口が山ほど言われていたのは知っていたよ」と。

第二章　内部登用試験は「突破」あるのみ

11　出発点は内部登用試験

ある意味では、最大公約数であって、わけのわからない、本当のところは何が真実かなどは問うこと自体が無理であるともいえる構造の人事異動などとは違って、内部登用試験は、一通りこうやりますと内外に向かって明らかにしているものだ。

しかも、不特定多数が受験する国家試験などと違って、受験者は同じ程度のキャリア、日々の生活も同じような者同士の競争だ。能力や準備時間等においてそんな違いはない。合理的に努力を積み上げた者が合格する仕組みになっていると言えよう。

さらに、ほとんどの内部登用試験にはペーパーテストが課されている。それは答の正解と得点という形で簡単に客観化されるものだ。面接試験や集団討論試験などとはわけが違

う。明快に正解不正解が出、得点者の受験者全体の中に占める位置がはっきりとわかるものだ。誰も文句のつけようがない。

この試験を、より早い時期に高位の成績で通ることが出世の重要な要諦の一つだ。以後、大きな判別基準として辞職するまでついてまわる。

内部登用試験のための勉強は、組織内部において比較的大目にみられ、寛大な扱いがなされる傾向がある。そこここにおいて半ば公認のような勉強会が設けられている。

なかには予備校並みに毎年高い合格率を誇るところもいくつかあり、それらの会は毎年数人の入会者しか入れないという現実さえある。個々の勉強会には、暗黙裏に過去の合格者の数を基準とした序列さえついている。

しかし、都庁においては、大昔と著しく違っていることは、あたりまえのことだが、これら勉強会が寛大に扱われる傾向があるとはいっても仮に勤務時間内にやるとしたら、必ず個々に休暇をとってやるということだろう。

勉強会の入会も、人によっては向き不向きがあるようだ。毎年二人しか入れないという合格者数随一といわれたある会に入って数年間研鑽これ努めたが、遂に合格を見なかった幾人かがあった。逆に勉強会の勧誘など一切断り、一人で勉強して悠々と合格していった者も少なくない。

ただ言えることとは、所属することの究極のメリット、同期ないしは先輩の合格者の多くと顔つなぎが出来る。これは近い将来に仕事をする上での財産となり何かと役立ち、ひいては出世にも間接的効果を大いに発揮するものだ。

12　合格した後こそ問題

現今の大学の入学試験ならば合格してしまえば、目的を達成してしまった感があるが、内部登用試験は合格した時点が出発点となる。用意された最終の頂点はそう多くはない。合格者を最終的に全員、その頂点に据えることは出来ない。よって、合格したその日からレースは始まる。レースで要求される基準、ハードルは勢い高くなる。周囲の注視も合格前とは違って一段と厳しくなる。

一方、足の引っ張り、たれ込み、誹謗、中傷等も、あることないこと激しさを増してくる。人の世のこと。なかなか綺麗事ばかりとはいかない。選ばれた者の宿命のようなものだ。

内部登用試験合格者は、それを区切りとして新しい職場へ人事異動をされるのが通常だ。そこへは昇任して着任する場合がほとんどであろう。

出世にとって新任地でまず必要なことは、従前からいかに多くの抱負を抱いていたとしても決して我を出してはならないということである。こんなことは、事改めて誰も教えてはくれない。ともすると、

「問題の少なくないところだから、優秀なあなたの考えを持って堂々と取り組んでもらいたい」とか、

「新しい考えが必要なところにきている職場です。勇敢にやってください」

などと当たりさわりのないことを言われて

赴任するのが通常だ。それをまともに受けてどんどん体当たりのような毎日を送れば、たちまちにして総スカンをくってしまうのがオチだ。

若ければ若いほど、

「よおし！　力を発揮するのは今だ」

とばかりに張り切る傾向が強い。拒否反応が甚だ強い場合には、自分の不在の時、自分の机の上にある直通電話が鳴っても誰一人受話器をとらないといった現象さえ生じることがある。

まずは、低姿勢に徹して、仕事を、その疑問点を係員に聞きまくることである。判断や指示は先送りして第一にこれをするべきだ。入り口のここのところを間違えると後々大変だ。その修復に何カ月も要するということになる。特別な緊急事態や急な判断を要する仕事に直面しなければこれで三、四カ月はもつ。

緊急事態に直面しても、のぼせ上がるなどして決して一人で判断してはならない。もちろんそこは組織のこと、縦割りの上司がちゃんと控えている。適宜、報告と若干の意見を上司に対し密に行い、判断をこまめに求めるに如《し》くはない。入り口は慎重の上にも慎重であるべきだ。

13　ここ10年の間に、出世には「仕事」の要素が大きくなった

十年ほど前に、この本の初版を書いた頃は、出世において仕事と仕事以外のことどちらに比重をおいて努力すべきか、などという問題提起が出来うる状況も少なからずあった。事実、インフォーマルとフォーマルとどちらに力点をおいて努力すべきかという設定には、フォーマルではその性質上差はほとんどつかない。インフォーマルの努力で差をつけるべきだと書いた。もちろん、これは仕事が普通に出来るという前提をおいての話なのではあるが。

今や、これは逆転してしまっていると言えよう。それどころか、インフォーマルということ自体があまり言われなくなってきている。出世にかかわる人の評価は、評価する者や、

特にトップの方針、意向によって著しく変わるものであるが、それを置いてもここ十年あまりの世の流れとして、評価における仕事への傾斜は明確だ。役所だって世の流れに抗することは難しい。

ただ、なお、言えることは両者仕事力が拮抗していて、どちらを選ぶべきかに迷うときは、言うまでもなくインフォーマルにおいて優る者を引き上げるのは通常のことだ。インフォーマルの努力を捨ててしまえということではない。

14　国家試験資格

内部登用試験に一度やそこらで首尾よく合格した者にしばしば見られるが、余勢を駆って国家試験に果敢に挑戦しようと試みる者が少なくない。最右翼の難しさだといわれている司法試験、公認会計士試験などは確かに合格すれば、組織内の評価は違ってくる。司法試験の場合は、内部登用試験に受かっていなくとも、司法修習生としての期間が終わって再び組織に戻れば、法務部門の管理職にいきなり格付けされたりもする。

役所を辞職し、弁護士や公認会計士として商売代えしても十分に世間的にやっていけるだけの社会的な公認と需要とが確立している。役所にいたときの労働密度や心身のエネルギーの必要度合いなどの比較を度外視して、現にそのようにした先輩達も十人やそこらは知っている。

しかし、これはごくごく少数の適正能力をもって生まれた人に限られるものだ。仕事を持っていないのにもかかわらず五年も十年も勉強専一にして、いまだ合格しないという人が世間にはワンサといる試験なのだ。

極端な例をあげるなら、二十二年目で合格して弁護士になったという人や、十七年も田舎の親の仕送りだけに依存して勉強し、ついに受からなかったケースなども現実にある。

これらの試験のほか、国家がライセンスを保障するという国家試験は少なくない。税理士、行政書士、司法書士、社会保険労務士、不動産鑑定士、宅地建物取引主任者、マンション管理士など…枚挙にいとまがない。

これらは、合格することはそう難しいことではない。試験によっては何年かかけて一科目ずつ合格していくことさえ選べる制度も設けられている。前二者などは試験には合格しなくとも、関係する役所に十数年も勤めていればライセンスを取得出来る制度さえ設けられている。

一方、これら試験を商売のタネにしているところも多い。何々学園とか何々スクールとか通学や通信のコース別の受験技術を教える商売だ。これらのパンフレットを読んで見ると、今にも合格し、その後開業してすぐ年収一千万円だとか千五百万円だとかになるなどと書かれている。

確かに、ごくまれにそのようになるケースもあるのではあろうが、たいていの場合はそうはならない。開業して何年かはほとんど仕事がないなどというのがザラにある。この種のいわゆる「士業」はいわば客商売であり、成功するには膨大なエネルギーを要する営業努力がいる。

あるいは、あらかじめ一定の顧客をもって開業をしたり、法人組織のコネがあったりしなければ、商売を維持していくことは難しいのが現状だ。需要と供給の関係が著しく違う。供給が多いのだ。さらには、少ない需要が少数の者に偏在している。

行政書士を見てみると、いま日本全国に登録している行政書士が約四万人、そのうち東京都に登録をしている者が四千人強いる。そして、士業全般に言えることだが、高等教育を受ける機会の多くなった市民は、これら士業の扱う手続きなどを、士業に依頼せずに自分自身で行ってしまう傾向にある。手続き過程において困ったら役所に聞けばよい。

今日では、役所は、ルーチン手続きについてはどこへ行っても親切に対応してくれる。士業の各団体は、自己固有の法廷業務を増やすべく躍起になっているが、世の動きは規制

の緩和、特権を出来るだけ少なくするという方向を向いている。逆風だらけなのだ。
それでも行政書士試験や、マンション管理士試験など、受験者は増加していて、合格率は近年七％台だ。直近の平成十九年一月二十九日に発表された平成十八年度の行政書士試験の合格者は全国で三千三百八十五人。受験者が七万七百十三人であった。
その合格率はグーッと下がって四・七九％。商売には逆風が吹いて需要が減少しているなどということなどどこ吹く風である。とにかく、合格して資格を持っていれば、いつかどこかで役立つだろうとでも思って受験するのであろうか？
そんなところに、剣を振りかざして飛び込

んでいっても簡単に返り討ちに遭うのが目に見えている。仮にこれらの試験に合格したからといって、有頂天になって、軽はずみに役所を飛び出してはいけない。

これらの「士業」の資格は、行くところがなくなってしまったところでのギリギリ最後の手段としてのみ生きてくる。何となれば実入りはなく、むしろ登録料など多額の入会金と月々の会費などで持ち出しとなってしまうが、「先生」と呼ばれるステータスはまだいくらかは残っている。もっとも、それも最近は仲間内だけで「先生」「先生」と呼び合っているにすぎないようだが。

15　国家資格を役所内で役立てる方策

14の項（「国家試験資格」）で触れたように大半の国家資格は、それを持って役所を飛び出したとしても、役所から得ていた収入額には遠く及ばない現実があるが、役所の中で、出世のために使えるという道は少なからず開かれている。

と言っても東京都などは、つい最近まで国家資格の活用を全くネグレクトしてきた。国家試験の資格を持っていても、そのために収入が増えたり、より上位のポストへということは全くなかった。

時により、不動産鑑定士の資格を持つ者が用地買収の仕事に回されたりするように、業務上関係する部署に回されたりする程度で、それも皆が皆、組織立ってなどというものではなく、いわば思いつきのような転勤でしかなかった。

最近、国家資格試験合格者の膨大な頭脳というかスキルを、都は、何と内部登用試験である管理職試験の一部受験科目の免除措置として使おうと志した。

平成十八年十二月四日、都人事委員会事務局発の「管理職選考の記述試験を免除する国家資格等の拡充について」という文書において、公認会計士、中小企業診断士、社会福祉士、税理士、不動産鑑定士、諸部門の技術士の資格を持つ者を、記述試験免除者とする旨、言っている。

みすず監査法人（旧中央青山監査法人）の解体問題に関連して、表面化した著しい会計士不足の実態がある今日、司法試験に次いで難関といわれる公認会計士試験に合格し、公認会計士になれる資格を持っていて、なお、都に勤務して管理職試験を受ける者がいるかどうかは甚だ疑問だが、他の諸「士業」の有資格者には、一つの救いとはなるに違いない。

これから勉強して国家諸資格を得てやろうとする向きには、なおのこと、国家試験の勉強だけをしていれば良く、それで都の管理職になることが出来るように道が開けたのだからラッキーと言えば、ラッキーだと言えよう。

この制度の採用は、狙いや動機がいかにあろうとも、やがて、国家資格を持つ者が管理職試験に合格し管理職になって、大まかではあれ各国家資格が想定する業務に近い都の業務を執り行う各職場に散っていけば、都のその業務において国家資格のスキルが活用されるということにもなってくる。

16　かつて役立った資格もあった

前項（「15　国家資格を役所内で役立てる方策」）において、東京都ではつい最近まで諸資格は何の役にも立たないと言ったが、出世とは別にして、一時的だが、役立ち大いにもてた資格があった。

組織における物事はおよそトップの意向と、マスメディアを中心にいわれる世論に基づく法例の定めなどで決まってくるものであるが、資格の活用においても同様だ。

労働安全衛生法で職場に設置を義務づけられている「衛生管理者」という資格がある。

現業職の職場で常時三十人以上、非現業で五十人以上を使用する場合に置かなければならない。

あるとき、この衛生管理者の資格を持った者がごく少ないという事実がわかった。当局は、内部補充を目指し、職員の中での隠れ有資格者を躍起になって探した。

しかし、なんらの、手当など有利な処遇を伴わないので、手を挙げる者がほとんどいなかった。そこで、次なる手段として、内部からの試験の大量合格者を狙って、受験勉強と受験にかかる費用のいくばくかを支給しましょうという方策をとった。

役所故のこと、民間企業のように当面する急な需要に応じた社員だから、いきなり特別ボーナス十万円を支給するなどというわけにはいかない。千五百円や二千円の端金だ。

結局、衛生管理者の資格は、一時的には大

いにもてたのだった。しかし、その資格を使った者が以後、瞠目すべき出世を果たしたなどという話はついぞ聞かなかった。

17　管理職試験の不人気

東京都の管理職試験の受験者が減っているといわれ、都議会で管理職試験の不人気が質問されるにまで至った。データは少々古いが、平成十七年（二〇〇五年）に行った職員アンケートで、課長以上に昇任したいとした者が僅か二〇％だという。その主たる理由が、

「管理職に魅力がない」

「管理職に自信がない」

だとのことだ。

後者は、建前社会の模範回答だともとれなくもないが、額面通り受け取ればこれはこれでよいのではあるまいか。何も皆が皆こぞって管理職試験を受けたり、管理職になろうと

志向することがすべての人にとって幸せなことだろうか？

自信がないと考えている人に自信を持てなどと強制するのは、一面ではその人を不幸にしなくもない。まして課長以上の都の管理職の、全職員に対する割合は到底二〇％なんかには達しないのだから。

前者は管理職の待遇のことを言っている。ズバリ言えば、管理職手当の少なさのことだ。かつて、金、特に自己の所得のことを言うのははしたないこととされていた時代があった。特に、給与の財源が税金である公務員などは、公に殉ずるべき精神をもって薄給に耐えるべきだという、ひと頃言われた教師聖職のような視点なのだ。今そんなことを言う人はいない。

秘密性の強い個人の所得のことだから公にはされにくい傾向があるが、民間企業では課長から部長になると所得が倍近くにもなる者がザラにいる。東京都の管理職は課長から部長になると基本給の五％が管理職手当として増加する（平成十九年度から管理職手当は定額化されたとのこと）。そして課長の給料から、部長の給料表の直近上位の給料額に移る。

だが、出世を果たそうと志す者は、このような御託を言っている暇はない。管理職試験がどんな状況にあろうと、管理職の待遇があまり良くなくとも、そんなことは考えることなしにして、ただ敢然として管理職試験に挑戦し、合格を果たさなければならない。管理職試験合格は重要な出世のキーポイントの一つなのだから。

18　初任給の額に幻惑されてはならない

ここで少しく、都の管理職の所得を見てみる。問題は基本給にあるのだが、基本給も手当も公務員のこと、手前味噌で大っぴらに積み上げることは出来ない。

毎年十月初め人事委員会の勧告を受け、それを参考として都議会に条例改正を提案し、議決を経て値上げ、値下げ、据え置きを決める形式構造になっている。参考とはいうものの、ほとんどが人事委員会の勧告そのままだ。

人事委員会の勧告は、毎年八月上旬に出される国の人事院勧告や都内民間企業の給与の実態を調査勘案して、いわば中庸どころをとらまえ勧告される。勧告はことの性質上、極端に遅れるなどということはない。前例踏襲の色彩が強いものだ。またそうでなければ納税者側としては、安心してはいられない。

それでなくてさえ、渋々ながら納税しているのだから極端なことをされてはやってはいられない。そんなところで管理職の所得が他に比して低いからといって、管理職の基本給だけを上げてしまうわけにはいかない。

都職員の給料は、初任給において名目額では民間会社の給料とはそんなに違いはない。だが、だんだん勤続年数を加えるにつれスローカーブを描いてしか上がらなくなる。

民間の場合にはそれが直線で上がっていく。加えて超過勤務が多く従って手当もかさむ、さらに役職手当が生半可な額ではない。五十歳半ばとなって最終コースに至ったとき、それなりに組織内で出世した官民双方を比較すれば、商社や銀行、マスコミなど民間の方が役所の倍くらいの所得となっている現実がある。

確かに超過勤務で働いている時間が圧倒的に多いのだから、実入りが多いのはそれなりに労働を提供している結果ではあって、当たり前のことだ。利益を上げるべく設定された目標にも絶えず追いまくられる。業績が上がらずリストラの危険もある。その労働の密度の濃さは到底、役所の比ではないくらいに濃い。

会社組織に役立つ者はどんどん厚遇し、どんどん働いてもらう。役立ちにくいと判断されれば、人員整理の対象にさえならないとも限らないという、優勝劣敗の徹底した民間企業の、資本の論理の到達点だ。

それに比べれば公務員の所得が、そう高額にはならないのは理の当然だ。

19　本音は内部の給与の比較

人間は一面度し難い者で、遠くの見ず知らずの民間企業の社員が、例え自分の倍以上の給与をもらっていたとしても、さして気にもならないものだ。それに反し、毎日顔を合わせている職員が高所得を得ているとなれば、大いに気になり自分の所得と比較し、自分が少なければ大いにやっかむものだ。

都の管理職手当は、管理職でない職員の実入りに比べ、多くはないという現実から出発して、不満の対象とされる。

議会対応で一晩徹夜をした係長が何万円もの超過勤務手当を得るのに、管理職は管理職手当の中に含まれるとされて一円の手当も出ない。議会対応で夜遅いのは決して一晩だけ

ではない。何日も続くことが少なくない。
あるいは夜間工事である。都内の錯綜する交通事情から、道路、水道、下水などの工事は深夜から明け方にかけて行われる。現業職や土木技術職の職員は、それに従事する。深夜割り増しの超過勤務手当だから通常賃金の一五〇％増しだ。所得はたちまち増える。あるいは工事の住民説明会、用地買収の住民折衝、皆夜遅くまでだ。労働組合との徹夜交渉しかりだ。
ひと頃、管理職である事業所の長よりも、総所得において多い所得を得ている職員が半数以上もあった、などという笑えぬ噂が流れたりもしたときがある。
現に家を二軒建てた者とか、猛獣に魅せら

れ毎年アフリカに出かけ、多くの迫真に迫る写真を撮り続け、その道でも知られるようになった職員などがいた。多い所得だからこそなせることだ。

20　管理職試験制度の改正

それかあらぬか、平成十八年度から実施予定の退職手当制度の改正として主任級相当職以上を、調整額の加算対象と位置づけたり、平成十八年三月策定の「東京都職員人材育成基本方針」の中で、管理職試験種別Ａ・Ｂを定め、Ａ合格者は全庁的視野で都政の中枢を担える人材に育て、Ｂ合格者は職群管理を重視し、専門制を育むよう育成するなどとしているようだ。何だか、三十五年ばかり前、現行の管理職試験が設定された頃、Ａ・Ｂについてそれぞれいわれたことに酷似しているが。

また、都人事委員会は、深刻化する医師不足下の医師の確保に関して、医師の給与制度の検討に入った旨伝えられている。

要は所得の増大に収斂《しゅうれん》されるのだが、るる前述したように現下の制度構造上、一気呵成に管理職の所得を増やすことなど出来はしない。せめて名誉を、ステータスを、ということになるのだろうが、今や世の中、そんなことはアナクロニズム。せいぜい重箱の隅をつっつくようにして制度を掘り下げ、すき間を探し、いくらかでも管理職の所得を増やすことしか手はないのでは？

さはさりながら、何度も言うようだが、出世を目指す者は、直面した管理職試験の制度がどうであれ、管理職の所得がどうであれ、そんなことには目をつぶって、試験を出来るだけ早いうちに通ることを心がけることに尽きる。

21 本当にA・Bの役割になるのか

管理職試験制度については、もう一つだけ触れておかねばならない。それは出世レースにおいてA・Bの役割分担の通りになるのかどうかということだ。

A合格者は、全庁的視野で都政の中枢を担える人材に育てる。B合格者は、職群管理や専門制を重視し育むよう育成する。昭和四十八年(一九七三年)に現行制度が設定された時点から今日までこういわれてきた。新制度検討の中でもこの基本線は変わっていないようだ。

現行制度実施以来三十三年。果たしてどうだったたか。形となって表れるのはポストにおいてだ。しかし、これがAポスト、これがBポストと決まっているわけではない。初め決

めても、その後の事情で変わるのは組織の当然の理だ。

大まかにいって、Ａは本庁部長クラス以上、Ｂはそのポスト以外ということになるのであろうが、物事には例外がつきまとう。例外が本則にとって代わりそうだということもなくはないのが世の中の不思議だ。

第一回のＡ合格者を見てみれば、合格者七十六人のうち、一人を除いて、全員が都の各局の本庁か出先機関、そして都内区役所の部長級以上の職員になった。副知事や、各局の局長になった者も幾人かいた。さらには公選の区役所の区長になった者も出ている。

一方、Ｂ職群の合格者でも、現業局を中心に、局長になった者や、本庁部長級の職員になった者は少なくない。仕上がり適性が、そのポストに適したということになるのだろうが、Ａ・Ｂ合格者の育成に関する方針の説明は、もっと幅をもたせる工夫があってよいと思うのだが。

コラム2　おれは、勤務評定が悪い

この人は、有名私大の看板学部を卒業してから、採用試験を通り役所に入ってきていました。入所後何年かで受験資格を取得し、幹部登用試験を受験し出しましたが、なかなか合格を見ることにはなりません。

一年に一度の試験ですが、何回目かの不合格を見たあたりから、この人は、何と、臆面もなく、

「学科は十分だが、勤務評定が良くない。勤務評定をつける人が悪い」

と、誰彼かまわずに言い出したのです。

聞いた人は眉をひそめたはずです。しかし、なかには、よくぞ言ってくれたと、心中、快哉を叫んだ人もなくはなかったのでしょうが、口には出さないものです。この人は、その後も毎年毎年、受験願書を出し続け、そのたびに「勤務評定をつける者が悪い」とあからさまに言い続けました。

どんな計算があったのでしょうか？　組織人である大の大人が、何らかの計算がなけれ

ば、到底、こんなことを公言は出来ないはずです。

この人は、確かに勤務評定は悪かったのでした。傍目にもあまりに自己中心的で、自分本位、仕事の消化などは二の次でした。本人はそれを知ってか知らずにか、幹部登用試験を受け続けました。

勤務評定をつける上司は、そのことを本人に全く指摘しません。指摘しなくとも別に困らなかったからです。セクションの仕事の進行にほとんど影響を持たないところにこの人はいました。ほとんど仕事をしなかったのですから。

そんな人にあえて指摘などして噛み付かれ、事によっては逆に論破されてしまう恐れさえあることを考えて見れば、到底、この人のためを思って、あえて火中の栗を拾おうとする者はいないのが人情というものです。

みんな自分がかわいいのです。かくして、この人は最後まで合格を見ることなく退職していきました。「計算の程」?は、周囲にも最後までわかりませんでした。

第三章　減点社会と組織社会の狭間で

22　体育会系はもてる

都庁や公務員世界には少ないが、体育会出身の日本でも有数のスポーツ選手を積極的に多く採用する民間会社は多い。就職戦線では体育会系は大いにもてる。筆者が都庁勧奨退職後七年余を勤めた会社にも、武道の高段者やオリンピックに出たというスポーツ選手出身者が社員としてゴロゴロいた。

スポーツ選手は何といっても鍛え方が違う。体力、精神力ともに徹底して鍛えられている。仕事に対する心身の頑張りが効く。

加えて早い反応、率直さ、さわやかさ、礼儀正しい、先輩には絶対服従、どんな場合でも必ず先輩を立てる、チームワークに優れる、とりあえずの場合でも、ろくに返事もせずに「ウーン」などと下を向いて考え込んでしまうなどということはしない。

その時点での一応のケリ、結論を言うなど、いずれも人間として好印象を与える事柄ばかりだ。その課題指向性も生半可なものではない。組織社会の運営にとっては誠に好ましい。上に立つ者がこのような部下を持てば、御の字である。就職戦線で好まれるのももっともだ。

平成十八年の夏の全国高校野球大会決勝戦を投げた、早稲田実業の通称ハンカチ王子・斎藤佑樹投手のひたむきな爽やかさと大いなる人気は、このことを如実に物語る。

このような体育会系の人は、なかなか役所には入ってこない。卒業年度に達しないうちに先輩などを通じて、青田刈りで、すでに民間会社に入ることが決まっている者が多い。従って役所では、なかなか彼らの日常の起居振舞い、物事の考え方、人間関係の機微に触れる機会に乏しいのだが、一度触れて見ればなるほどと首肯出来る。

都庁などにもスポーツサークルはあるし、それぞれのスポーツ領域でかなりの成績を収めている者もいる。しかし、それらの人々も、才能はあったが場所と機会に恵まれずほとんど独力でやっていたり、十分な指導監督下の訓練を受ける機会を得ずにきたなどという人が少なくない。

こんなことはごく珍しいのだが、ある現業局にいたとき、同じ事業所に二人の本格派スポーツマンが在籍していた。元力士と元プロ野球選手だった。仕事の処理において彼らは多くの職員に体をもって示し、考えさせ、教えた。

成長期に受けた心身のギリギリなまでの訓練は、後々に至るまで生涯の財産になったという意味のことを言うスポーツ選手出身者は多い。

役所に本格派スポーツ選手出身がほとんどいないのは、単に採用制度上の問題だけが原因ではないが、非常に残念である。

以上のようなスポーツ精神を持って役所の出世に挑戦を試みるならば、かなりの成果をもたらすに違いない。

さらに一点書いておきたいことがある。前記のようなスポーツが形成する人間の組織社会における利点をいち早く感知してか、「趣味　スポーツ」とする者がいる。ヨットやグライダーなど手をつけたこともないのに、趣味をそれにして語り、活字にする、の類だ。人事当局の注目を引こうとしているのだろう。

もっとも、乗ったことが一度もなくとも趣味としては成り立つのではあるが、その点もすでに考慮済みなのだろうか。誠にもって、出世競争とは実に一面油断のならないものではある。

23　ここぞと思うところでは全力を傾けて仕事をしなければならない

さて、出世のためのメインであるところの「仕事」である。13項「ここ10年の間に、出世には『仕事』の要素が大きくなった」でも触れたように、今日では何といっても「仕事」が出世のための評価事項の第一になっていると言えよう。

言うまでもなく、自分の仕事が満足に出来ないものは出世からは遠のくものだが、それでも多く色々なポストのある役所は、適材適所を言って、どうにか誰にも何らかの仕事をあてることを行ってきた。

国家も地方も公務員法には、分限処分というものが規定されている。仕事が著しく出来かねる者は、この規定によって職を解いてしまえばよいのだが、これはしない。

最近になって公務員数の削減にからめ、関係する大臣の一人がマスメディアを通じて言い出したが、まさにそのとおりだ。

出世を標榜する者は、前記のような状況にあるからといって、それを良しとして、決して仕事を適当にやっていてはいけない。「男は黙って仕事をする」だけでもいけない。仕事をしたことを、それとなく周囲に知ってもらわなければいけない。宣伝が要るのだ。

それには、何といっても肝心な仕事や仕事の中のポイントを、ここぞと思った場合には全身全霊を打ち込み、全力投球をしなければならない。特に初めてのケースや扱いの困難視される仕事は、いち早くとらまえて進んで取り組むべきだ。

困難な仕事は誰も本音はやりたくないものだ。困難視されるということは失敗する可能性が高いということでもある。特に、役所のような減点社会では、進んでこれに当たることはマイナス視され、尻込みをする者が少なくない。ここは一番、勝負を挑むべきだ。

しかし、蛮勇を奮い粋がるなどはしてはならない。さりげなくなすのだ。同時に大事なことは、あくまで組織でなしたというふうに形づくる必要がある。それでも誰がイニシアチブをとったか、などは皆見ているのだから。これは事がうまくいかなかった場合の逃げ道にもなる。

評判の悪かったゆとり教育を進めたとされている、今は役所を退職した男が、最近、テレビに出てきて大きな声で発言していた。

「私が進めたわけではない。役所がそれをなそうと決めたときに、たまたま私が推進部署にいたので、私が主となって作業をすすめたにすぎない」

といった趣旨のことを言っていた。私は唖然としてしまったのだが。

24　役所は減点社会、敗者復活はまずない

前項の最後にあげた、ゆとり教育を進めたとされる男など格好の例だと思うが、なした仕事が失敗に近かったり、うまくいかなかった場合、よってたかって目茶目茶に打ちたたかれる。

「組織でやったんだ！」

などと叫んでも誰もそうは見ない。直接の責任者の責任を暗々裏に語る。そうなれば、世の常で、触らぬ神にたたりなし、「三十六計逃げるにしかず」とばかりに、人は逃げていく。

慰めを言う者も出てくるが、それらは単に善意以上の力は持っていない、組織的に無力

な善き隣人ばかりだ。それだけにまたジーンとくるのだが。

一度失敗した者を救う社会の構築などが、セーフティネットとして盛んにいわれる時代にもなっているが、役所内部においてそれはなかなか簡単ではない。

没個性を標榜する公務員の社会において、余人をもって代え難い仕事など、ごくごく一部の職を除いてない。しかも、組織が大きいのだから、職員の数も多く、広範囲に対応可能規模の職員を揃えている。土台その数が圧倒的に多いのだから、いつでも別の人間に代えられる。

まして、出世レースにおいて一度失敗してしまえば、退職する最後までそれがついて回る。退職どころか、退職してからも生涯それはついて回る構造になっている。夢夢失敗をやらかして生涯を棒に振るなかれ、である。

なお、ここでいう「減点」は、仕事の結果の成績を数字に評価して、相互に比較し、ボーダーラインを設定して、そのラインに一点や二点及ばなかった者をもって、「減点者」と決めつけるようなことを言っているのではない。もっと大きな、半ばやり直し、修復の効かない性質の仕事遂行における失敗を指す。

25　役所の仕事は本当に得点主義に不向きか？

前項の「減点」の意味と対をなす「得点」の大まかな評価については、役所は、減点ほどではないにしても、最近は、評価していると言える。成績本位でボーナス額を決めていこうとしたり、年功序列の昇進に抜てき昇進を折り込んだりしていることに見られるように。

しかし、もっと細かい部分での厳密な「得点」の評価については、今一つだ。役所が抱える仕事は多岐にわたり数多く、しかも評価は到底、横引き一律にはいかない。税金や水道料金の未納額や、件数の解消率などのように数字で明瞭に出、相互に成績を比較出来るものばかりではない。いや、むしろ、そのような仕事は少ない。名目数字で比較、

評価すること自体が評価として適当ではないような仕事も多くある。

それ故に得点としてカウントすることに困難を伴う、という理由をもって得点を評価し、もって得点主義といわれる人事考課を行う事は難しいとする主張のようなものがある。

しかし、今時こんな主張が通るのが不思議だとも言える。

勤務成績の評価は、勤務評定ないしは業績評定などと呼ばれる人事考課によって行われる。これらは一様に、仕事の処理、勤務状態、態度、目標の設定度合いなど、いくつかの具体的な仕事を、あらかじめ抽象化した項目に当てはめて上司が評価する仕組みだ。

ここでは、すでに、抽象化された項目に付

された評点や得点によって、趣の著しく違った仕事が相互に比較出来るようになっているのではあるまいか。結果が係数で出てくる仕事と係数を付すことが困難な仕事との相互比較が出来るはずだ。

抽象化された項目に当てはめる作業は、それぞれ異なった上司が行うのだから、必ずしも公平を期すことは期待出来ないといってしまえば、制度の存続さえ疑われることになるのだが。

今現在では、大きな意味での得点は、まかり間違ってカウントされないで終わることもなくはないが、何度も言うようだが大きな意味での「減点」だけは、出世にとって大きな障害となり、取り返しのつかないことになる度合いが高い。

気負い立って、一人で責任を負うようになる構造に流れるのを出来るだけ避けるようにすること。責任の分散化を図ることを考えることも時として必要だ。

26　役所と服装

出世を志ざさんとする者、日常の起居振舞い、服装身づくろいにも十分に気を配らなければならない。

昭和五十年（一九七五年）代初めの頃まで、都庁には和服姿で執務する女性が丸ノ内の本庁や出先事業所に見られた。和服の上に羽織る上っ張りのような局の女子制服があって、それを羽織って執務していたのを記憶している。

その頃言われたのは、役所には何を着て行っても良い。別にこれを着なさいという定めはない。ただし、男の和服の着流しだけはだめという定めが国の方にはあるようだ程度のことだった。

その頃から本庁では今日のように男の職員は背広にネクタイであったが、用向きを持って来庁する住民が頻繁に出入りした出先事業所では、ネクタイを締めていたのは管理職員ぐらいのもので、みな思い思いのまちまちな服装をして執務していた。

それでも事務職、技術職にそれぞれ制服があって、現場へ出るときは別に強制されていたわけではないのだが、それを着用する者は多かった。なかには、電車通勤も、休日の普段着も、年から年中、役所支給の制服だけで通し、昭和五十年代初めで毎月の給与の半分の八万五千円の天引き預金をしていた若者や、三十代初めですでに独力で一棟六戸を賃貸し、木造二階建てアパートを都内山の手に持っている職員などもいた。

役所の支給服は手厚く、防寒衣でも、仕事で現場へ行くほかに通勤用のオーバーも支給された。ある局などは「採寸」と称して職員個々人の寸法を採り、通勤用に通じるチャコールグレーの背広上下を一人二着ずつ支給したりした。

三十年の時が流れて今、役所の支給服、仕事着を着て通勤する者はいない。かつての仕事着イコール通勤着で金持ちとなった面々はすでに退職をして、それぞれに悠々自適の日々を過ごしている。

今、女子の制服を廃止しようとする動きさえ民間には出てきている。すでに一律右向け

右の世の中ではなくなったと言われて久しい。商品は大量一律の物よりも少量個別が好まれるような世の中になった。それぞれの個性をいくらかでも尊重しよう、それが商売の発展に結びつきそうだ、といったところの狙いでもあろうか。

しかしながら、一方では次々と民営化になったＮＴＴやＪＲの社員が公社時代とは著しく服装の改善が図られ、こざっぱりとした着衣でキチンとネクタイを締め、客に応対しているようにもなった。民営化される郵便局もやがて、そのようになっていくに違いない。

要するにキチンとした好感をもてる服装ということになるのだろうが、役所において出世と結びつけて考えるのなら、目立たないノーマルな服装ということになろうか。

派手な色、仕立てで目立つ、誰も着ていないようなものは、話題性には富むものの、出世にはやはりマイナスに作用するのではあるまいか。周囲の目を楽しませてはくれるものの、変わったヤツということにはなる。

一律に没個性を望むことの強い組織では最右翼の役所のこと、変わったヤツとみられればなかなか出世は難しい。

ある都内の区役所の職員に、ネクタイは嫌いだと公言し、どこに行くのにも、どこの席に出るのにも、タートルネックか襟立ちの白シャツで通し、用地買収で一人前以上に仕事をした男がいた。それが原因なのかどうかはわからないが、男は何度受験しても管理職試験には通らずに終わった。これも昭和五十年代の話なのだが。

なお、言わずもがなのことではあるが、執務中に身体や着衣が異臭を発する職員がたまにいる。前夜の痛飲による二日酔い、汗っかき、ワキガ、前日に入浴しなかった、下着やワイシャツを代えていない、長期間洋服をクリーニングに出していない、など原因はいろいろあるであろうが、いずれにしても印象は甚だしく良くない。

これらは自分自身では、よほど強烈なものでない限り意外に気にならないものでもあるので、十分な注意が必要だ。出世にとっては、文字通り、臭いヤツとして、「九仞《きゅうじん》の功を一《いっ》簣《き》に虧《か》く」ということにもなりかねない代物なのだから。

27　外部との交流

しばしば、目立ちたがり屋の若い職員に、

「おれはあの人の知り合いだ」

「彼は学校の友人だ」

「私の友達にこのような人がいる」

を連発する者がいる。

目立ちたがり屋は故に、

「あれは偉い奴だ」

と見てもらいたいのであろうが、その意に反し、

「そうか。だからどうなのだ」

ということになる。

これは平成に入ってからの話だったが、ある年、他の局から出先事業所の長として腰掛けでやってきた五十歳過ぎの男がいた。

男は着任するや否や誰それを知っている、を連発した。その男の下で働くものと、組織上位置付けられている職員は、最初、男の話を黙って聞いていたが、あまりにもそればかりを事あるごとに連発するので、「またか」とひんしゅくを買うようになった。

ある日、事業所をめぐる二進も三進もいかないトラブルが起きて、当の住民にどう対応しようかということになった。職員が真っ先に言った。

「所長の知り合いの人に頼んでくださいよ」

これに所長は言ったものである。

「人脈はこれには使わない」

巷間、しばしば、人としての幅が広がるなどとされて、他の領域の友人をつくれ、他の職業の知人と交流せよなどといわれる。

しかし、創造と知恵を中心に勝負している業界のようなところならともかく、条例、規則、規程の定め、執行予算が年度当初から限られているなど、あまり独自の創造性などは重視されにくい役所のようなところでは、このことはそれほどには効果を持ち来たらすものでもない。

公平性を前提として仕事を考え処理しなければならない役所では、むしろ、交流相手いかんによっては、警戒や疑いの眼でみられなくもない。

例えば、業者筋との交流だ。そんな交流ではなくとも懸念されることは十分にありうる。痛くもない腹を探られてはかなわない。たとえ、古い学友や、田舎の友人などでも出来るなら伏せておくに限る。

出世を目指す者、あの人を知っている、あの人と友達だなどと軽々しく連発すべきではない。

ただ、役所に所属する者同士の対外交流についてはいささか事情が異なる。国、都道府県、市町村をまたいだ交流や、それぞれの中での同士の交流などはちょくちょくとみられ、それ自体は奇異の眼でみられることもほとんどない。その交流は仕事で直接役に立つこともある。いわば、同業者同士のつきあいといったところか。

自治体職員には自治大学校のような研修制度があり、全国自治体から職員が参加、全寮制の共同生活で六カ月間の研修を受けるなどのような制度もある。

そこではおのずから親しい友人も出来るし、多くの知り合いが生まれる。仕事においても、後々、ネットワークとして、大いに役立つという実態がある。

28　組織社会、孤立せず、いつも集団の中に、を心がける

一人の者が世の中を動かすと言われる。これは正確には、一人の「着想、発想」が世の中を動かすと言うべきかと思う。着想、発想を世の中に発信し展開させなければ、世の中は動かない。そのための機動力として組織がある。組織は人の集団だ。

役所には時折、孤独癖かと思えるほどに、孤独を愛する日常を送る者がいる。着席し仕事をしても静かで発言もなくほとんど物音を立てない。無駄口をきかないと言えば聞こえはよいが、休憩時間など周囲の雑談には加わらない。

時たま振られると、ただただニコッ！と笑うだけだ。現場に出れば静かでどこにいるのか分からないほどだ。昼休みにはいなくなってしまう。夕方、勤務時間終了と同時にろく

な挨拶もしないで帰ってしまう。

　休日の過ごし方や家族のことなどは何一つ話さない。このような極端な役所生活を送っていれば、それはもう職場から浮き上がってしまう。

　都心のある事業所の庶務担当課長を務めていた四十代の初め、筆者は昼休みに毎日、一人職場周辺から消えていた。上司は、それを盛んに気にかけていたのであろう、ある日、事業所幹部職員の会議を終えたあとの雑談の際に言ったものだ。

「庶務課長はいつも昼休みどこへ行っているの？」

「散歩ですよ」

「いつも一人で？」

実は、散歩などではなかったのだ。当時生活が苦しく、少しでも収入の増加を図ろうと、証券会社の店頭に入り浸って、株式ボードや端末機を前に前場の取引の結果を把握しようとしていたのだった。それは言えない。この職場には一年ほどしかいなかったが、散歩はとうとう信じられはしなかった。上司の雰囲気で分かったのだ。

一方、昼休みの行き先を、最初からあからさまにしていたこともあった。前記と同じような事業所だったが、そこは隣に体育館があり温水プールがあった。このプールに泳ぎに行くのだと。技術屋の上司は言ったものだ。

「ここから裸になって海パン一つで行ったら? ハッハッハー(笑)」

昼休みに行く先をひた隠して、集団の中にいないだけでも、協調性に欠けるのではとおもんばかる風土は厳然として存在している。

出世を望む人は、周囲から疑いや警戒を持たれる行動をしてはならない。

29　最初に、集団を念頭に考える

特に駆け出しの若い人には少なくないのだが、残業を求められる、日曜出勤を要請されるなどの時に、まず最初に自分の都合を思うのが通常だという考え方をして、「予定がありますから」などと断って平然としている若者がみられる。

若者が生きてきたのは受験競争の世界。一点でも多く、そばにいる者を出し抜くのがモットーの世界の中で、十幾年かを過ごしてきた。そこでは、あくまで自分本位、他人のことなど考えてなどおれない。ガリガリと自分を出さなければならない。

そんな生活に漬かって「がんばれ、がんばれ」を周囲から言われ続けてきた者が、ここ

でにわかに方向転換して他人や集団を考えよ、と言っても、しょせんは無理なのではあるが。それでも、いち早く学生気分を払拭して、入った役所の配置された職場の雰囲気に同化しようと試みる者は、それはそれなりに出世の芽があるというものだ。
　いつまでも学生気分抜けやらず、現実を見て学ぼうとせず数年を過ごすうちに、身につけるべきものもろくに身につけられずに終わっていくケースも見られる。
　それでも、ある部門に特別の才能がある場合には、何とかそのまま通過することが多いが、たいていの人はそんな特別の才能など持ち併せてはいない。
　出世を望む人は、物事の志向を学生までの

頃とは百八十度転換し、所属する集団本意に考えなければいけない。

まず最初に組織、集団の都合を思うようにするのだ。つまりは、

「どうだろうか?」

という表現は、

「残業しろ」

「日曜出勤をしろ」

という上司の命令の軽い表現だと考えなければならない。自分の私的な事情など二の次にしなければならないのだ。

30　挨拶をキチンとこまめに

ここで言う「挨拶」の意味は、二通りある。

一つは、単に社会生活上の慣習になっているような「おはようございます」とか「失礼します」とかいったたぐいのもの。

他の一つは、もっと複雑な思いを内に含むもので、忘れられてはならないから定期的に顔を出しておくとか、一定のお願いをするために訪問するなどのものだ。

まず最初の意味の「挨拶」。役所には、かなり歳をとっても単純な挨拶をしない者がいる。まさか、出来ないのではあるまいが、電話をかけてきて自分の名を名乗らずに、いきなり用件を話し出すようなものでもある。

朝、うつむき加減にノソリと執務室に入ってきて、何の挨拶もせずに自分のデスクに黙って座る。夕方、何の挨拶もせずに、いつの間にかいなくなる。黙って帰ってしまうのだ。もちろん、挨拶をされても下を向いて口ごもってやり過ごす。返さない。本当にそんなのがいるのだ。

世間のそんな形式的儀礼的なものに意味を認めないから省略しているとか、シャイが高じてそうなっているとか、いろいろ理屈はあるのだろうが、言えることはそれまでの役所生活で別にそれで困らなかったというところに主たる原因があるのだろう。許されてきたのだ。民間企業にこれをしない者はいない。しなければ、たちどころに周囲が注意するし、従わなければもう、その組織にいられない。

学生であった頃、友人と「おはようございます」などと挨拶は普通交わさない。そのまま役所へ入ってきて学生時代のままで通してきて何の痛痒も感じなかったというところであろうか。そのうち歳をとって、とてもそんな形式的なことは出来かねるといったところか？　見れば分かるのに天気の話を交わすのをバカバカしいとするたぐいでもあろうか。あるいは全くのボクちゃん育ちなのであろうか。このような人は、人と人とのコミュニケーションや話の潤滑油などといったことにほとんど意味を見いださないのかもしれない。

出世しようと志す人は、大きな声でキチンと挨拶をしなければならない。

第二の意味の「挨拶」は、出世にとって大きな作用をする。およそ、出世には、何かしら「隠微」な側面がつきまとうものだ。この挨拶はそう大っぴらにするものではない。外面的には大っぴらにならざるを得ないものではあっても、そこで話されることは内密に潜行する性質のものがほとんどだ。加えて、この挨拶には、

「旅先で珍しい物を見つけましたので…」とか、

「マドリードに勤務する息子から送ってきたものですが…」

などと品物、グッズの類が伴うことが多い。

出世を常に念頭におく者としては、いくら「隠微」に抵抗感があったとしても、それを乗り越えて、実力者と思われる者を中心に、セッセセッセと挨拶をして回らなければいけない。恥らって逡巡している場合ではない。そんなことをしていては、出世は遠のくばかりだ。

挨拶については、もう一つだけ言っておきたい。それは、かつての部下であったり、同期入所であったり、学校の後輩であったりした者が、ある時期から出世して、追い抜いて行ってしまった場合である。逆転して上役となってしまったり、甚だしい時には直接の上

司となった場合だ。

　こんな時、上役として、上司として挨拶を申し上げるのは、かなりの抵抗感が伴うのが通常であろう。挨拶を受ける方だって嫌だと思うだろう。最初は、

「今後も変わらず『君』で呼んでくださいよ」

などと言っているが、やがてそうもいかなくなってくるものだ。組織とはそういうものだ。

　しかし、出世を目指す者、ここは簡単に割り切らなければならない。今は上役であり上司なのだ。上役や、上司に対する挨拶をしなければならない。

　ある時、「ゴボウ抜き」の超スピード出世をした男がいた。年功序列がいまだ基本の役所

にも時としてゴボウ抜きはあるのだ。その男を、入所以来面倒を見てきた外見上は「野心満々」と見える五歳上の男がいた。野心満々は抜かれてしまったのだ。

その人事異動があったその日の午後の会合で、二人は大勢の職員の中で出会うこととなった。遠くから、ゴボウ抜きを見つけた野心満々は、その場にたたずんでゴボウ抜きに向かって丁寧に頭を下げたものである。大勢の職員の見守る中で。

もちろん、それだけではなく、出世に効くことを様々していた野心満々は、やがて、それなりに出世していったが、トップ近く足が届いたかなと思われるところで、大失敗をやらかしてしまった。

しかし、その失敗は、外見上は大失敗に見えたものの、要所要所への事前根回しが十分であったため、当該組織のために良かれと思ってしたことだと評価されていた。男は、公務員を終えた後、ある大企業の下で七十歳を超えた今も、顧問として在籍し給与所得を得ている。

31　派閥に入って、派閥の中で動く

派閥はどこにもある。極端に言えば、人が三人集まれば派閥が出来る。ひところ派閥はいけないなどと大いに言われた時期があったが、今それを声高に言う声は聞こえない。派閥といえばイコール自民党と言われた時期があったが、他の政党でも○○研究会とか○○勉強会、○○政策集団、○○シンクタンクなどとして、いわゆる、「派閥」は厳然として存在している。人が集まればグループが出来るのは自然の理だ。

役所にも当然のことながら「派閥」は多い。どの派閥へ入ったら得かなどと、虎《こ》視《し》眈々《たんたん》構えている者も少なくない。

「この派閥へ入ってくれ」とか、

「こちらは今、空きがあります」

などと勧誘や申込み受付のようなことを派閥はしない。土台、派閥などはないと表向きはなっているのだから。

昼飯や飲み会に誘われたり、ゴルフや、今は少なくなったがマージャンをしばしば一緒に楽しんだりしているうちに、何となく派閥に取り込まれていく。

もっとも、誘いが全くないような場合もある。他の部局から転入してきて人柄や実績がほとんど知られておらず、見極め期間が置かれているような場合や派閥に入ってもらっても、派閥にとってあまり役立ちそうもない所にいるような場合などだ。

そのような場合には、手をこまねいていてはいけない。積極的にコネや機会をさがしてそれとなく派閥に近づき自己をＰＲすることだ。

とにかく、派閥に入って行動をしているということは、集団の中にいて、行動を集団とともにしているということにつながる。警戒が解かれ安心がついて回るということになる。組織は何をするか分からないと警戒する者を出世はさせない。

しかし、何でもかんでも派閥に属すれば良いというものではない。駄目派閥に属するくらいなら、無派閥を保った方が良いという場合もなくはない。

出世を目指す者にとって、派閥が駄目かどうかの判断基準は、ただ一点「将来の展望」だ。その派閥に近い将来トップになりそうな者が幾人かいるとか、かつて、トップが幾人も出ているという派閥なら申し分ない。

派閥はいったん入ってしまえば、なかなか抜けることは難しい。レッテルを張られてしまう。入った派閥が斜陽だったから、こちらの昇龍の勢いの派閥に鞍替えしようと思ったとしてもそうはいかない。その点では、最初選ぶにあたっては慎重の上にも慎重でなければならない。

仮に抜け出られたとしても、抜け出た派閥が、何かのはずみで天下を取ってしまったなどというときには目も当てられない。その派閥から散々意地悪をされ、冷や飯を食わされ続けることにもならないとも限らない。

出世などというややっこしいものを望まなければ、派閥などに入って苦労をし、神経をすり減らすなどまっぴら御免だと啖呵の一つも切りたいところだが、凡人は、出世の必修科目「派閥に入る」を外してしまってはたいした出世はしないようだ。

32　金の使い方

同じ金の使い方でも、世の中では、正反対に受けとめられることがあることをまず指摘したい。われわれは役所にしろ、会社にしろ、組織内では経費節減を声高に言い、一円でも節約、合理的と称して、金の使い道を吟味し、使うにあたっては一円でも出費を少なくしようと心がける。それが当然の合意事項となっていて久しい。

ところが、個人の金となると、それを出し渋る者は、金離れの悪い「ケチ」とされて、まるで悪人のようにさえ言われかねない。

出世しようと志す者は、このことを良くわきまえておかなければならない。

堺屋太一氏が大要以下のように指摘している。

「規格大量生産社会であった高度経済成長期、日本の企業は儲かり金が貯って内部留保は大きくなっていった。逆に、個人は金がたまらない。会社は金持ちになってもよいが、個人は金持ちになってはいけない。個人で金持ちになっていれば、怪しい奴と見られかねない風潮が瀰漫《びまん》していった」

「今また、今回の継続してきている好況が、企業のみの利益となり、その利益が従業員、従って家計に及んでいかないと指摘されている。ゆえに消費が伸びないのだ」と。

酒席の分担金つまりはワリカンの額は云々せずパッと支払う。先輩のおごりあるいは公金でなどと助平根性は起こさない。たまにはその席の費用全部をパッと一人で支払ってしまうくらいのことをしても良い。仮初めにも、見舞金や香典を値切ったり、出し渋るなどは、絶対にしてはいけない。

どうしても、私金が使いたくなかったら、家族が多いとか、病人を抱えているとか、私立大学へ子供三人も同時に通わせているとか、田舎の親に送金しているなど、何かと金のいる事情を機会あるごとに声を大にして周囲に訴えておくべきだ。

ある男などは、いつもいわゆる小銭入れ用の小さな財布しか持っていなかった。小さな財布に四ツ折にした千円札が、ただの一枚と十円玉が二、三枚入っている程度で、それを

飲み会がお開きとなりワリカンとなるたびに、見せびらかすようにした。

　早い時期に多少偉くなっていたその男は、財布と中身を見せたあと周囲に、

「払っといてくれ」

　と言って、財布から千円札を出そうとは決してしなかった。

　翌朝、彼は知らん振りを決め込む。そんなことを続けていた男だったが、他の出世のためのフィールドワークは巧みで、出身大学も良かったせいもあり、たちまちにして出世をしてしまったのだった。金を出し渋る者はあまり出世をしないのが普通なのだが。これは番外編とでもいうようなケースであった。

　もう一例。これは、金がないと言っている

例ではないのだが、飲み会のワリカン支払いにかかわって、当時、なるほどと感心した例だ。

男はいつも定期券入れに一万円札を五、六枚は入れていた。四、五人から七、八人集まるその課の有志の飲み会には何を置いても必ず参加した。

飲み会はあちこち河岸《かし》を変えては毎晩行われた。お開きとなり、いざワリカンという段になると、その男は必ず万円札を定期入れから取り出し、

「取りあえず払っておくわ」

と言って、まとめて飲み屋へ支払うのを常とした。

翌朝、彼は集金をする。ワリカンには必ず端数が伴う。百円以下は誰も問題にしない。皆は、端数を切り上げてその男に自己分を支払う。なにしろ毎日のことだから、チリも積もれば山となる。しかも、いつも多く金を持っていて、金離れも良いというイメージも、何となく周りの皆に植えつく。

さらにもう一例。男は役所に入って来るまでどんな人生を送ってきたのか一切言わなかった。男はちょっと異常かと思えるほど自分の金に関して執着し、猛烈なケチだった。そのくせ酒好きときていて、飲み会には必ずと言ってよいほどついてくる。

さらには酒癖がよくない。誰彼の区別なく目を据えて人に絡みまくる。そして、支払いとなると金を出し渋ったり、

「貸しておいてくれ」

などと言って払わなかったりする。酔った振り?をして姿をくらますこともある。翌日は、

「酔っていてよくわからなかった、払ったのではないか」

などととぼける。よくもまあここまで徹底出来るものだと感心するほどだった。ある朝、業を煮やした飲み会清算係の若い男が面と向かってその男に言った。

「金を出さないなら酒を飲むな！」と大声で。

男は、平然として言ったものだ。

「俺も、金を残したいんだよ」

以上続けざまに三実例を挙げたが、この中で一番出世をしたのは第一に挙げた男。次に出世したのは三番目の男。三人とも長の名が付いたが皆係長では終わらなかった。

33 多くの酒席に侍《はべ》るようにする

何かというと「酒」の気風はいまだ厳然として日本のサラリーマン社会には残っている。残っているどころかますます多く定着しているといっても過言ではない。

ただ従来と違ってきていることは、その席で、人はあまり多量の酒を口にしなくなってきたということだ。飲む回数は多くなっているが、飲む酒量は減ってきているというところか。

二、三十年前のように飲み会の席でどんどん酒を胃袋に注ぎこみ、泥酔してはあちこちに絡みとぐろを巻き、あげくの果てには電車がなくなり、公園に設置されている小山の通り抜け通路の穴の中に泊まったなどという酔漢はいなくなった。

二次会、三次会などと称し飲み屋を次々に回って歩く者や、翌日、席に座って周囲に酒のにおいをプンプンさせ、少なくとも午前中は仕事にはならないなどというのも滅多に見られなくなった。ただただ、酒に接するスマートさだけが際立ってきたというところか。

出世を目指そうとする人は、仮に、体質的に酒が飲めないとしても、酒の席には出なければならない。この場合の「酒の席」とは、毎日毎日、仕事が終わった後、職場の有志幾人かが集まってイッパイなどという席ではない。あらかじめ設定された懇親会のような席だ。

本当は、有志のイッパイにも出られるのなら、出た方が良いのだろうが、酒の入らないしらふで、酔っ払いのくだくだした話に二時間も三時間も付き合わされるのは、到底耐えられたものではない。ましてや、酒癖の悪い者に絡まれでもしたら目も当てられない。

有志の方だって、一人だけ酒を体内に入れず、よって、しらふでウーロン茶などをすすりながら目の前に侍られたのでは、迷惑でせっかくの酔いも醒めてしまうというものだ。酒を飲んで幾分か羽目を外し、時には馬鹿も言ってみたいという酒飲み心の楽しみが吹き飛んでしまう。

日本ではまだまだ酒の場で物事の根回しが行われたり、思わず本音が知れたりすることが少なくない。このような席に出ていないということは少なからずマイナスなものだが、体質からくるものでは仕方がない。

「酒」に関しては、多くのさまざまなことども、実例が思い浮かぶ。

一つだけ紹介する。男は出世を目指し、三十代の後半にあった。当時の周囲の雰囲気は、酒を飲めばたいていのことは許されてしまうという酒オンリーのような雰囲気が漂っていた。

男はひたすら飲んだ。毎晩毎晩。時として日曜出勤をしても夜は開いている店を探しては飲みまくった。金は払わない。つけだ。それは半年毎のボーナス払いだ。たまには連れがおごってくれたりもする。おごる連れは年下であるときもあった。年下でも平然としておごりを受けた。

種々の出世のテクニックと仕事上の能力をもって同期入庁のトップ近辺で出世していた男は、ある日から、町医者の薬袋を持ち歩き出した。胃が悪いのだという。それでも酒は止めない。男はそれからズーッと薬袋を持ち歩き続けた。

だが、別にそんな胃が悪く薬を飲むほどの病気などのようには見えない。酒も毎晩ズーッと飲み続けていてどうということもない。今回、改訂版を書くにあたってこのことをもう一度よく吟味してみた。

そう言えば薬袋を持ち歩いていたのは何度も見ていたが、薬を飲んでいるところは一度として見てはいなかったことに気づいた。しかし、これは単に筆者が見ていなかったというだけのことであって、それだけでどうのこうのと結論づけることは出来ないのではあるのだが。

34　ＯＢ業者

定年一、二年前に退職することを条件に、企業への再就職を紹介される。いわゆる天下りである。時折、週刊誌などは天下りを称して、おいしい人生などと書いているのを見かける。

確かに、五十五、六歳で国の官庁を退職し、その後、二つ三つの公団や会社を二、三ずつ渡り歩いて退職のたびに何千万円の退職金を手にする高級官僚などがいるであろう。しかし、それはごく一部だろう。大方の天下りはそうはいかない。特にゼネコンなど会社に行った者はそんなことはまずない。

会社には会社の子飼いの、何十年もそこに勤めてきて、激しい仕事にもまれ、偉くなっている者が座っている。ポッと出の天下りなど、その会社の総合力において到底、太刀打ちの出来るものではない。

会社が天下りを受け入れるのは、その天下り個人の力量に着目しているのではない。天下りの背景にあるものとのつながりが、天下りを通じていくらかでも容易になるのではないかと考えているからだ。昔からこの関係は存続していて、事実、それはそれなりに役立ってきたという歴史がある。

たまにここのところを履き違える天下りがいる。このような天下りは、元居た役所に現れれば、傍若無人。現役の出世を目指す者にとっては、出来たら関わりあいたくないものだが、そうもいかない。出来るなら早々にお引き取りを願いたいのだが、何しろ相手は先輩、かつては直接の上司であった者もいることがある。

少しでも粗末に扱えば、

「あいつは生意気だ」

「あいつはおれが引き上げてやったのに何だ」

「あいつは先輩に対する礼儀を知らない」

そして極め付きは、

「あいつはだめだ」

ということにされ、噂を流されして、その噂は逆流して、現役の上司や人事当局へ伝わっていくことが少なくない。

かなり出世した現役が、自身、どう判断したのかは知らないが、もう、うるさいOB業者と丁寧に付き合うのはご免だとでも思ったのか、ある時期から極力不在を装っていた。彼は自ら、自らの個室入り口の「在室」「不在」の札を赤色表示の「不在」にすることが多かった。

ある時、忙しかったためか「不在」にすることを忘れていた。そこへ、OB業者が幾人かのプロパーと呼ばれる会社固有の社員を引き連れて、その事業所の受付口に現れた。どやどやと。

気配を察した、出世した現役は慌てて席から立ち上がり、自室の個室の入り口付近に歩み寄り、腕だけ入り口に差し伸べ、札を「不在」に裏返した。その際、来ているのは誰だとでも思ったのだろう。ちょっと首を出して遠く受付の方角を見やった。とたんに、運悪くOB業者と目が合ってしまった。

受付で所在を尋ねた直後、その個室の方へ目をやるのは通常の訪問者の所作ではあるが。

頭にきたＯＢ業者は、目の前で、本人が札を「不在」に換えたと、ＯＢ業者仲間などあちこちに行ってしゃべり回ったものだった。

「あいつはとんでもない奴だ」と。

会社の期待が個人にあるのではないということを十分に承知している大半のＯＢ業者は表面上、謙虚、低姿勢に終始する。だからと言って現役は気を許してはいけない。どんなつまずきが待っているとも限らない。当局から痛くもない腹をさぐられてはかなわない。

優秀な者ばかりが集まるといわれている学校を出た男は、ＯＢ業者とみると、二言目には、

「乗れませんよ。危ない話には！」

を連発した。ＯＢ業者は何も危ない話をし

ようと思っているのではないのだが。

これほどまで徹底すれば、それはそれで見事なものだが。旧知の間柄で、そこまでやるのも自他共に抵抗が生じるに違いない。

出世を目指す現役にとってOB業者の応援は非常に難しい。適度な兼ね合いが奈辺《なへん》にあるのかを掴むのはケースバイケース。

最後に、あえてOB業者に言えば、四十年近くもの役人生活で、法令に基づく権限に守られ、法令に基づいて税金を強制的に徴収して使い仕事をしていたのだから、当然のこととして、他人にものを頼んで頭を下げるという日常とは全く縁がなかったか、それに近い生活を過ごしてきたわけで、突然、六十歳近くになってから、業者としてそちこちに頭を下げて回れと言われてもなかなか難しいものだ。そこのところの大転換をスルリとなせるかどうかが一つの鍵ではあるまいか。

役所も、職員に徹底して汚職防止の研修をしている。そこには、当然、事例としてOB業者ではない、業者の例が数多く出てくる。研修では、特に新人研修などでは取り立ててOB業者ではない業者等と説明するわけではない。

業者は業者として捉えられるのが、通常だ。乏しい年金に依存して生活していくのは心もとない。退職金を預貯金にしたとしても利子は雀の涙だ。働けるうちは働いて稼いでおきたいというのが大半のOBの本音のところであろうか。

幹部職員などでもOB業者が来ていると聞けば足早に姿をくらましてしまう者もいる。部下から、OB業者が会いたいと言っていると聞けば眉をひそめて「OB⁉」などと言ったり、逆に、部下に、あなたの上司である「幹部」に会いたいので取り次いでもらいたいと言うや、即座に自身の裁量だけで、

「お会い出来ません」

と気を回す者がいたり、どうしてもと粘れば、途端に居丈高になり、

「二分だけだぞ、二分、二分‼」

と言う現役がいたりする。

今日、ともすると、OB業者は世間一般の逆風を受ける。誠に、言うに言われぬ、複雑な構造になっている世界だとも言えようか。

35　ＯＢ業者になるのはご免だという向きに

いわゆる、第二の職場を割り当てられるとき、これは良い、これはだめ等と言うことは難しい。選択肢はないと思った方が間違いない。

ただ、求人先は民間業界だけではない。役所の外郭団体、役所のＯＢだけで構成する民間企業や公社、公団などもある。時には、個人でコネクションなどを使い探していく者もある。

民間業者を除けば、元いた役所に出かけて職員や、時には、元部下などに頭を下げて、名刺を差し出して挨拶をしたり、お願いをして回るだけだなどということは少ない。隠然と第二の就職先のランキングも、まことしやかに語られたりしている。

この第二の就職先の割り当ても、言うまでもなく、いわゆる現役の時のランキングに準じる。成績評価はどこまでもついて回る仕組みになっている。一発逆転はあり得ない。

行った先のラインの役員になったり、代表取締役社長になったりしたという実例も時々耳にする。しかし、よく聞いてみると、その会社の経営が傾いていたり、内紛が続いていたり、不渡り手形を出したりといった、いわば、異常事態の中でのワンポイントリリーフだ。心身共にかなりの労苦の伴う局面だ。

第二の人生、そうそう新たに手を染められる領域はあるものではない。出来るだけ第一の人生の延長戦上で、長くとも十年やそこらではあっても、第二の人生も送りたいと考えるのが人情であろう。

そのためには、現役の出発点の頃から、心して、出来る限り上位の職へ就く手立てを講じていき、出世をすることこそが肝心だ。

「線路は続く、どこまでも」

36　労働組合

労働組合と聞くと、まず一番先に思い出すシーンがある。

当時、二十年ばかり前になってしまったが、民間会社の部長をしていた学友がある日、突然、電話をかけてきた。

「お前の勤める役所の出先事業所へ行ったら、大勢の職員が机に座っている課長を取り囲んで大声で罵倒し詰め寄っていた。一体、あれは何だ。民間会社では全く考えられないことだ。しょっちゅう、あんなことをやっているのか?」

一九九〇年代末まで、このような場面は役所のあちこちに見られた。闘争戦術の一環と称して労働組合は指導した。これに対して本庁は出先管理職にひたすら頑張れと叱咤をした。

目標を掲げた労働組合の闘争のスケジュールは、当初予定した戦術を消化しなければ妥結はしないものだ。労働組合の指導部も下部の労働組合員の手前があるのだから途中で止めてしまっては示しがつかなくなる。

囲まれるのは相手側のスケジュールの消化だ。出先の管理職は、いわば、サンドバッグ、ただひたすら打たれるのが役割だ、といった趣旨は叱咤する方はもちろん、叱咤を受ける方も分かっていた。

しかし、それは誰一人として口には出さない。ただただ、頑張れ、頑張れ、ずっこけるな、ずっこければ免職をも含めて処分をする、であった。まさに、出世のための仕事上の課題を突きつけられ、評価されているわけだ。

当時、出先管理職で大層苦労し、部長職を最後に退職したある先輩は、もう七十歳もとうに過ぎたが、労働組合と聞くと、

「おれは、労働組合は嫌いだ」

とトラウマを丸出しにする。アレルギー反応は大きく、後遺症となって残っている。

近年は、組織率の低下が民間企業を中心に言われるが、役所、官公労、自治労傘下の労

働組合は依然として激減とまではいっていない。

最近では、政府部内などに、国の財政改革の一環として公務員の削減が言われ、解雇権と引き替えに団体交渉権を認めようとする動きがあったり、いや、以前から国家公務員法、地方公務員法に法定されているが、あまり使われてこなかった分限処分の規定を活用すれば済むことだ等、またぞろ、この辺を中心に役所の労使関係のあり様が、論じられそうな機運にある。

ついでに触れておけば、平成十九年一月十六日、政府は国会上程をとりあえず見送りにしたが、いわゆる「ホワイトカラーエグゼンプション」。一定条件の社員を労働時間規制の対象から外し残業代をなくす制度の導入である。

検討の段階で、経団連は年収四百万円以上の社員と考えていたが、政府は九百万円以上に変更したとか伝えられた。他方、残業賃金の割り増しも検討された。資金の差し引き勘定がどのようになるのかは知る由もないが。

平成十九年の春闘で、好況企業の最右翼たるトヨタは自動車労連傘下の労働組合の賃金値上げ要求に対し満額回答をする意向を固めた旨報道された。近年春闘の記事が新聞に載るのが珍しくなった。

現・連合会長の高木剛氏が、先ごろ、珍しくテレビに映っていたが、大昔、総評の太田薫議長が長年にわたって活躍指導していた頃の春闘を知っている筆者は、実に時代は変わったとの感を禁じえない。

労働側の動きにはいささか気を配ってきたつもりだが、今日では珍しくなった太田議長と同じ黒縁眼鏡をかけた高木会長を、寡分にして今回テレビで拝見するまで存知あげなかった。

それはさておき、この項の冒頭に触れた官公労、自治労傘下のいわば役所関係の労働組合が、民間労組に比較して組織率が高い理由の一つは、財政力にあるのではなかろうか。

役所は労働組合員が労働組合に対して支払う労働組合費を、労働組合員個々の給与から天引きし、一括して労働組合に支払う。源泉徴収、チェックオフである。これは、未払いやその累積の滞納が防げ、決まって一定の収入が入ってくるということで、いわゆる財源計画が立てやすい。行動計画の裏付けたる財源は万全だ。もちろん民間にもチェックオフの制度はあるが、果たして役所ほど手厚いものであるのかどうか。

労働組合は賃金闘争などで勤務時間に食い込んだ活動を行うときは、労働組合員がそのために当局からカットされた賃金分を補てんする。さらに抗議行動などと称して集会やデモに参加する組合員には、行動費として一定の動員費を支払う。最近のようにストライキを打ちにくい社会情勢になってくると、これらの費用の支出は減少してくる。

他方、労働組合員費の額は変わらないのだから、勢い、それらの金の行き場を新たに設定しなければならないということにもなってくるのであろうか。労働組合経営にも、現実を見つめ、将来を展望した絶えざる知恵と工夫が要る。

労働組合内部にも、もちろん、出世はある。執行委員、本部役員、執行委員長など…だ。そこで行われる出世レースも組織体のこと、基本的には役所内部の出世レースと大同小異だ。

やや違う点を強いて探せば、より仕事において他に比して頭一つでも抜きん出るかという点だ。仕事は限定される。組織の担当する部署の充実と唯一の相手方たる当局をいかに打ち負かすかだ。もちろん引き上げるのは上役。

この世界も上役とのコミュニケーションを欠かしては出世しない。出来たら一日のうちの多くの時間を上役とともに過ごすようにすることだ。

さて、出世せんとする者と労働組合との関係はいかにあらねばならないのかということである。肝心の話だ。労働組合の役員とは仲良くすること。攻守所を変えればいがみあうのは、攻防が宿命づけられている構造の立場同士、当然のことだが、同じ役所のこと、根底では相通じるものがあるはずだ。

しかし、仲良くしても、譲るべき限界は明瞭に意識して、それ以上は絶対譲ってはならない。限界は、出先管理職の場合は本庁からしかるべき指示がくる。それを信じ必死に守っていれば良いだけだ。たまには裏切られることもなくはない。闘争は政治的な妥協をすることが往々にしてある。

ハシゴをかけて二階にあげ、上ったところでハシゴを外してしまうなどということもなくはない。その時は、決して本庁に毒づいてはならない。何のプラスにもならない。かえって評価を下げるばかりだ。本庁、上級庁に逆らう者は出世をしない。

しばしば、労働組合の支部とか分会にいい格好を見せて、アンチ本庁だ、みたいな言動をとる者が駆け出しの管理職にみられるが、これは全く出世を放棄した者のすることだ。出世どころか、懲戒処分ものだ。

ハシゴを外されるなどして、どうしても腹の虫が収まらなかったら、本庁のしかるべき場所へ報告という名目で直接出かけて行って話すべきだ。報告なら相手も聞いてくれるし、場合によっては相互の誤解なども解ける。忘れられないように、一生懸命やっていますというように、そして何よりも、より上のランクへ進む出世のために、報告には足繁く本庁へ通うことも欠かしてはならない。

独り孤然としているのも、

「投げている」

「問題にしていない」

「まじめにやっていない」

などの噂の種をまきやすい。出世の首根っこを押さえている者のところには些細な用事でも深刻ぶって足繁く通うに越したことはない。

コラム3　労組でいくか、当局でいくか

その時、男は二十七歳でした。アラン・ドロンばりの甘いマスクの男は、薄い紺色のセビロに白ワイシャツ、赤系統のネクタイという姿で、およそ当時の労働組合関係者の服装とは独りかけ離れたものでした。

男は支部の書記長だということでした。私が役所に入り初めて配属された職場にオルグに来たのです。一通り演説を終えた後、テーブルを囲んで座談になりました。男は大要次のように言いました。

「要は、労組でいくか、当局でいくか、の大事な分かれ目です。よーく考えて決め、決めたら行動をしてください」

当時接していた、絶叫調で取り込め主義のような大部分の若い労組員とは、服装もさることながら、言うことが一味もふた味も違いました。取り込め主義を半ば否定するようなそんな発言をしていては、たちまちボロボロになってしまうだろうと懸念さえされました。

ところが男は労働運動の中で生き延び、二十八年後に再び会ったとき、その労組のナン

バー2になっていました。かつての漆黒の黒髪は豊かな白髪に変化していました。さすがに上下のセビロは着ていませんでしたが、枯葉色のツイードのブレザーに濃紺のオープンシャツ姿は白髪とマッチして、男の衣装センスの健在ぶりをうかがわせました。

男は、労働組合で大出世し、すでにトップを保障された地位に上り詰めていて、泰然自若たるものでした。二十七歳の時、一組合員に語ったことなど覚えてはいないのでしょうが、少なくとも行動基盤はその時語った方向に立って来続けたのかもしれません。

コラム4　貯めて、貯めて…後は楽

昼休みを知らせるチャイムがキーンコーンカーンと響きわたるや、男はやおらガサゴソ机の下のカバンを漁り、新聞紙に包んだ二、三本の生キュウリを取り出し、給湯室へ急ぎました。家から持ってきた山盛り詰めの飯だけの弁当のおかずにするのです。

おかずは生キュウリだけです。洗ったキュウリをボリボリかじりながら、いかにもうまそうに昼飯を食うのでした。キュウリも自分の畑で作ったものとか。男は役所からの収入の半分以上を天引き預金にしていました。

その頃四十歳目前であった男は、すでにその時点で五千万円を超える預金を持っていました。独身ではありません。二男と妻を養っていて、さらには土地付きの住宅を茨城県の田舎に自力で買い、そこから片道二時間もかけ東京にあった役所に通勤していました。頑丈な体なのです。

男は学卒採用の技術専門家でしたが、仕事だけではなく、その経済知識も抜群でした。

結局、男が言うには、

「公務員でいても家を買い、二人の子供に大学教育を受けさせ、そして専業主婦の妻を養いしても、退職するときには一億円を超える現金預金が残せた」

ということでした。

男は、今、退職して悠々自適の日々、健康で毎日好きな事をしています。

第四章　多芸多才…生かすも殺すも

37　公務員の株式投資

土地建物など賃貸用資産を持たない平凡な公務員が、給料を得ながら副収入を稼ぎ出すための格好の手段の一つに株式投資があると証券会社は宣伝する。大した心身のエネルギーを使わず儲けは時により大きいとも。

また、世間でも「株」をやっていると聞くと、本を出版したと聞いたときと同じように、大儲けをし、大金を手にしていると思う傾きがある。どちらも違う。

今まで、株式投資の業界や、出版業界の内情はあまり知れてはいなかったし、それを必要とする人々もごく少なかった。そこで大儲けの誤推測がまことしやかに流布されてきたのであろうか。もちろん物事には何事によらず若干の例外がある。その例外が、大儲けの宣伝となる。

週刊誌などが扱う記事に、しばしば、この種の大儲けをした記事が出る。例外だから数少ない。それゆえにこそ記事になる。儲けている者がそちこちにゴロゴロしているようでは珍しくも何ともない。記事にはなりにくい。

株式投資で儲けるためには、莫大なエネルギーが心身共にわたって必要なのが本当のところだ。証券会社などが店頭のお客に向かって言うような、最初、小手先でチョイチョイ、あとは放っておいても儲かる、などという生易しいものではない。

本気で取り組めばどうしても仕事はおろそかになる。出世には大いに響く、マイナスだ。それだけで飯を食っているプロがごまんといる世界なのだ。しかも、それだけでは儲けることは出来ない。やる気はあるが能力のない者の仕事のようなもので、かえって、大損をする度合いが高い。危険でさえある。

どの世界もそうではあろうが、この世界もある程度以上の儲けを得るためには、適性能力のようなものが必要だ。知識の多さやキャリアの長さではない。それ以前の生まれ持った能力、ある種のカンが要るような気がする。今なお二百億円の儲けを保有していると言われる村上ファンドの東大卒元通産官僚・村上世彰氏などは、小学生の頃から好きで株式投資をしていたと伝えられた。

巷間、株式投資で儲ける者は、株式投資をしている者のわずか三、四％だともいわれている。三、四％は法人が入った数だ。しかも近年は、世界中利益を求めて駆け回る外国人の投資ファンドや海外の金持ちなどの投資資金が約半分を占めるといわれる株式市場だ。

いうまでもなく、株式投資は、値上がり局面だけでなく、下げ局面でも儲けることが出来る。カラ売りや現物株を所有していて売る保険つなぎ売りだ。また信用取引や先物取引など複雑な仕組みを駆使し、あわせて、経済に絡みつく諸現象をいち早くキャッチして活かさなければならない。

この世界には、株式投資を職業にし、寝ても醒めてもそのことばかりを考えコンピュータで数字を駆使し、実践している多くの専門家がいる。そのような者でもなかなか儲けることは難しい。最近は銀行でも売り出しているが、株式投資信託の配当成績がそのことを如実に物語る。

しかし、だからと言って、公務員は株式投資を止めよと言っているのではない。私事で恐縮だが、筆者は株式投資の実践を続けて三十八年になる。理論はその前の学生のころから関心を持ち勉強していた。三十八年におよぶ実践の中には、三十二年強の公務員として

勤めていた期間も含んでいる。
　公務員でいた期間に二十一の職場を転勤したが、行く先々で株式投資をしている多くの公務員の人と知り合いになり、中には、ある期間一緒に投資の研究をした仲間も少なくない。その間の研鑽とエピソード、投資の成果などは優に一冊の本になる。近くそれらをまとめて「公務員のための株式投資」として、まとめて出版しようと思っているが、ここでは、ただ一点だけ、公務員でも勝てる究極の投資法を次に書くにとどめる。次に項を改める。

38　公務員で儲けられるのは優良銘柄への長期投資だけ

いかに多くの平凡な公務員が、ちびりちびりと貯めたなけなしの小金を株式投資ですってきたかを現実にこの目で見てきた。ある者はマスメディアによく顔を出すエコノミストの言うことを、背景も分析せず天から信用したり、ある者は活字になっているというだけでその銘柄を買い、ある者は証券会社の文学部を出たばかりの若年の担当者の言うことをまるっきり疑いもせずに、株の売買をして、わずかばかりの長年かけて貯めた金をすっていた。

公務員の仕事を中心にする日常は、そうそう激しい苦労を求められることは少なく、世間にもまれる機会が乏しいせいか、総じて人柄が悪くはない。物事を信じやすい傾向がある

る。

このことは一面美点なのだが、人々が命の次に大切にしている金を投入し儲けようとする、こと株式投資に関してはいささか不安だ。公務員に比べれば海千山千の株式投資を生業とする人やその周辺の人を相手に、渡り合って儲けるなどということは至難の業と言える。

先を読む力、経済計算の速さ、決断の機会の敏速なとらえ方。どれもこれも株式投資で成功するためには重要な要素なのだが、公務員の日常の勤務や研修などでこれらは養われはしない。各自、心して一人で養成するよう心がけねばならないのだが、いかんせん、特別の才能を有していたならいざ知らず、凡人個人の努力などたかが知れている。大したところへはいかない。

公務員で唯一成功すると思える株式投資方法は「優良株を値を下げたときに仕込み、長期に持つ投資」だ。この方法は、株式投資のプロ中のプロ、澤上投資ファンドの澤上篤人氏の提唱されている方法だ。

優良株の下げたところを買いじっくりと上がるまで待つ。株は上げれば必ず下げる、下げれば必ず上げる。この繰り返しだ。しかも優良会社は、よほどのことでない限りつぶれることはまずない。

このような優良銘柄を暴落に近いような状況でも買いまくり長期に持つなら、やがて、その銘柄は必ず上がってくるというものだ。公務員でも儲けられる。もっとも、これはかなりの大きな勇気が要るのだが。

株式投資の項の最後に希有な実例を一つ。

彼は東京の南部のある区に住む素封家の長男で、その頃五十歳に近かった。父母共に健在で、経済力も含め悠々の公務員生活を送っていた。昔の名望家の公務員のようなものだ。役所の給料は彼にとってはほんの小遣い程度だ。ウナギとカツ丼を一気にビールで流し込むような大食漢で体も堂々としていた。

たまたま、私たちの株勉強会に顔を出していた彼は、勉強会が検討していた銘柄の一つ、東京市場一部上場のある銘柄を率先して買った。あり余る資金にものを言わせ一万株も。

しかしこの銘柄は、何と、間もなく仕手筋が付き、あれよあれよという間に値を上げ、彼の買値の十倍近くに暴騰してしまった。儲け分の評価額は、十年後に彼が公務員を退職する際に支給されるであろう退職金の三倍近い額になり何千万円だった。

ところが、である。悠々たる彼は多少の値上がりでは売らない。もっともっと値上がり

するはずだと語るばかりだった。

我々は彼の大儲けに驚いてしまい、大きなショックを内心受け、ただただその値上がり、ついては評価額の大儲けをうらやましく、

「運の良い者は最後まで運が良いんだ」

などとうそぶいたりしつつ、押し黙って見守るだけに終始した。そのうち彼は転勤してしまった。

しばらくして、この銘柄は明らかに仕手筋が売り抜けたと思われる株価を付けた。仕手が付いた株は下げ出せば、その下げは実に早いものと相場が決まっている。大きな値下がりである。彼の買った持ち株は買値近辺に戻ってしまったのだ。

我々は、いくら何でも、もう売り抜けただ

ろうと思って、ある日彼に電話を入れた。彼は言ったものである。

「もう疲れました」と。

単位株の千株も売ってはいなかったのだ。金持ちの彼は売り抜けなかったことにあまり固執はしていなかった。何代か続く金持ちは違う。どだい我々とは育ちが違うのだと思った次第だ。

その後この銘柄は、仕手は去ったものの、しばらくして、業績の向上が功を奏して、彼の買値の一・五倍くらいのところの値をつけている。

39　株式投資は出来るだけ内密にする

株式投資が役所における出世にかかわって、どう影響するものかという肝心な部分に言及するのが後になってしまった。前記のように株式投資を損しないレベルで続けていくためには、基本的な経済構造の知識が必要だ。

株式投資の勉強会も、ここのところを前提として個々の銘柄の分析におよぶのが通常だ。この知識や知識の集積によって養われるある種のカンなどは、役所の仕事をなすにあたっても、ポジションによってはかなり役立つはずだが、いかんせん役所は、株式投資の勉強会をしているというと、俄然、目を剥《む》く。

「仕事をほっぽり出して、金儲けに躍起になっている」

「株ばかりやっていて、仕事をろくにしない」

「集まって、本当に株の勉強をやっているのかどうか」

等々かまびすしい。

その噂に輪をかけて、そこここにいる放送局といわれる噂屋があることないことドンドン噂を流す。誠に、株式投資をしていると知れた場合に、あきれ果ててしまうほどのマイナスの渦が動き回る。

良く考えてみると、大金を儲けているのだろうということが気にくわないらしい。しかし前記のように株式投資で儲けるなどというのはなかなか難しい。そのことを門外漢は反対に受け取っている。

だがそんなことを、くだくだ言ってもはじまらない。とにかく、株に手を染めているという噂が立っただけで、それは出世には大いなるマイナスに作用する。

事実、株式投資の勉強会があったのは、私が知る限りでは、出世には、本庁に比べて一呼吸置かれる出先事業所のいくつかであって、本庁には表面上はなかった。

本庁でも、株式投資を行っていた者は少なくはなかった。昼休みになるや否や各証券会社の店頭に顔を出す役人は多かった。そんな中には、学生の頃、筆者と同じクラスにいた

男もいた。男は大して儲けもしなかったのだが、株式投資が原因なのかどうかを断定は出来ないが、結局、幹部登用試験に受からずに終わり、近頃、六十五歳である嘱託員の定年を迎えた。

株式投資をしていることは、出来るなら内密にしていた方が、出世には響かない。株をやっているというのがプラスして出世するなどということは金輪際ないと言っても過言ではない。それでも、やがてはそれとなく知れていくものではあるのだが。

もっとも、知れるまでに大儲けをしてしまえば、どうということもないのだが、なかなかそうはならない。

40　流れは貯蓄から投資へ

以上、株式投資と公務員を結びつけて書いてきたが、世の中は、否応なしに投資へ投資へと向かっている。このことは、投資への適不適とは別の問題として指摘しておかなければならない。

いうまでもなく、「投資」は株式投資だけではない。債券投資、商品投資、不動産投資、これらを取り込んだ投資信託、ファンド。これらは今や、国内だけではなく外国物まで取り込んでいる。概して外国物の方が日本物よりも高利だからだ。

形態別にみても、株式や債権などの先物投資、信用、貸借、現物等さまざまだ。昔とは違って銀行や証券会社に行けば、さまざまな金融証券商品を目の前に多く並べられて、勧

誘される世の中になって久しい。

これらの投資を総称しての「投資」だ。

先頃、政府税制調査会の会長に就任した香西泰氏も、テレビ東京のインタビューにおいて、

「私も年金をもらってみて、これでやっていけといわれても…、投資へいきます…」

といった趣旨の発言をしている（平成19年2月7日朝6時台前半、テレビ東京放映）。

長い間、現金の安全な保管庫のような役割でしかなかったような、ほとんど利子のつかないに等しいような低金利の預貯金を、諸投資と比較して、メリットの乏しいものとして、多くの人々が認識しだしたか、あるいは、国の経済政策の誘導か、それともその双方か、いずれにしても流れはすでに投資に向かっている。

今、日本の経済界では七年問題といわれるものがある。二〇〇七年以降、いわゆる団塊の世代が定年六十歳に至って、大量に退職していく。退職金がどっと支払われ、その金は一気に市場に出てくる。それを取り込むために金融、証券界は躍起になって勧誘商売をしている。おそらくその金の大半は少しでもの高利を求め、金利の低い預貯金には一時的にしか向かわないに違いない。

今、個人投資者個々人の年収を見た場合、一番多い層は、五百万円から六百万円なのだそうだ。投資は昔のように大金持ちが行い、小金持ち以下は貯蓄へといった構図は、すでに、現実の長く続いた預貯金の低利子現象の中、消え去っている。

41　ギャンブル

競馬、競輪、競艇、最近は多種類におよんでいる宝くじ、さらにはマージャンなど、世に、いわゆる賭事は多い。これらの公務員が親しめるギャンブルと役所内の出世を語る前に簡単に小理屈を少し。

37〜40の「投資」と、「投機」、さらに「ギャンブル」と、一体どこが違うのだろう。いずれも、不確実な儲けを意図して、つまりは存外大きなリスクをとって金を投じるという一点では、本質的に通底するものがあると言えるのではないか。

それぞれに投じる額や、儲け、損の額は個々の資本力や技術の問題に帰すのだから、さしたる違いではない。にもかかわらず、役所の雰囲気としては、競馬、宝くじ、マージャンなどは大いに許され、サラ金などから多額の借金でもしなければ競輪、競艇だって許される。

ちなみに東京都競馬の社長は、東京都の局長を務めた者が天下っており、東京・大田区の平和島競艇の開催元は府中市など東京都多摩地区の市、つまり役所連合だ。時代が変わってしまった結果か、十億円の累積赤字を出して解散しようとしている、東京都収益事業組合（多摩地区の八市で構成）は、かつて、京王閣や立川の競輪の胴元になっていた。

株や商品取引が奇異の目で見られるのは、結局はその仕組みや約束事がより複雑で、通常、比較的に、咀嚼《そしゃく》に一定の長時間を要するからにすぎないのではないかとも思う。

普遍化、一般化の度合いの差でしかないのではとも思えてくる。

それはさて置き、これらギャンブルと出世との関わりである。

その職場の上役にこれらのいくつか、または一つでも熱心な者がいると、挨拶代わりに語ることさえ許される。事実先行、黙認の許しだ。逆に職場のみんなが好んだ場合、よほどの彼我の力関係の差ある場合は別として、まずは為すことを許される。民主小社会だ。

雰囲気として許されるということは、勤務評定に悪く響くということではない。よって出世に響くとは言いにくい。ただ、ばれないならいざ知らず、こそこそと一人隠れてやる

べきではない。オープンにして、取った、取られたの話に入り込んでいってこそだ。いつも同じように共同することが良とされる小世界なのだから。

平成の初めの頃、職場に宝くじに強いといわれた男がいた。確かに、男は時々三千円とか一万円とかの賞金を当てた。周りは良く当てると言っては、男のくじを買った売り場、くじの組、番号の買い方、一度に買う枚数など簡単なことを、その男に執拗に尋ねた。素直な男はその度に率直に答えていたが、最後に言ったものである。

「法則なんかありませんよ。運が良かっただけです」

くじ運に関わっては、ギャンブルの例では

ないが、こんな話もある。その男は公団、公社などの分譲住宅や賃貸住宅に次々と応募し、不思議なことに次々と当たった。いつも外れていた私は、ある日、彼にそっと尋ねた。

「どうしたら当たるんでしょうか?」

彼は事もなげに言った。

「子供を連れて行って、子供の手で、ポストへハガキを入れさせるのさ」

彼はこの手で宝くじもどんどん買っていたが、こちらの方は当たらなかった。

42　余技

項目の見出しを余技としたが、余技は一つの才能であり、他に抜きん出て目立つのには、かなりの研鑽・努力が心身共にエネルギーとして要するということである。

この意味では決して、「余る」などというものではない。いわゆる余技とはいうものの、その人にとってはまず第一番に好きなことであるのは通常のことだ。

最近はあまり聞かないが、古来「好きこそものの上手なれ」と言ったではないか。好きでのめり込んでいるうちに、ごく、まれに玄人はだしの領域に至る者も出てくる。そんな時は、もうスッパリと役所を辞めて、そのことに専念すべきが妥当であり得策でもあるに違いない。

　しかれども、その道でメシを食うのは大変だ。収入は役所に在籍していた頃の何分の一か、時には何十分の一になる。そのことに注ぐ心身のエネルギーや時間の膨大さなどを考えたとき、安易に煽《あお》いで勧めることも考えものだ。独身であったり、比較的若い年代にだけ言い得ることではないかと思っている。やはり勝負は若いうちだ。
　役所に在籍していて、仕事以外の好きなことに精を出すことは、総じて、比較的容易だ。時間的にはもちろん、心身のエネルギーの点でも。だが、その評価、受け取り方となると、余技の種類によっていささか事情が違ってくる。
　以下、大きくスポーツ・武道とそれ以外の

ものとに分けて検討していく。

43　スポーツ・武道

野球、サッカー、ラグビー、陸上競技の各種目、スキー、スケート、水泳など…。今日、スポーツの世界も組織立っていて、優れた体格と才能を持つ者は、早期から発掘され英才指導を受けられる構造になっている。空手、柔道、剣道などの武道においてもしかりだ。

中学生の頃から野球、サッカーなどは小学生の頃から、それ一筋に励み、高校、大学、そしてプロの世界へ、あるいは企業に所属して、大半は練習、練習の明け暮れを送る。頂点はもちろん、オリンピック。

そのような世界に所属している人々をここでは論じているのではない。平凡な学校生活を送り、役所の試験に受かって何となく入ってきたとか、スポーツや武道をちょっとは手

がけたが止めてしまって久しいといった、いわゆる超一流ではないが、少しばかりはその道の才と体格があり、それを好み、しかし、練習する機会や時間に恵まれずにきた人々を念頭において言っている。

役所に入ってきたそのような人々で、その道の修練を積み多少は頭角を現す人も少ないながらも中にはいる。特に武道の領域には、役所に入ってから、一から始め、空手五段になったとか柔道四段になったとかの人々の話をしばしば聞く。

彼らは企業スポーツ選手のように練習時間を特別にもらって練習したわけではない。他の職員と同様に仕事をした上で、自分の時間を割いて練習をしての成果なわけだ。まあ、役所は、企業よりは自分の時間を多く持てるという一面でもあるのだが。

次項に触れる、いわゆる文科系の余技などとは違って、スポーツ・武道関係の余技に精出すことや、その成果を喧伝することについては、役所はおおらかで大いに寛大だ。むしろ、役所の人々にはそれにあやかりたいとする傾きさえなくもない。

不特定多数の住民を公平に扱うというのが大命題の役所の仕事には、時として、身体が危険な局面に遭遇する場合がないとは限らない。その時、武術の有段者がいるなどというのは大いに力強いものだ。出世において、マイナスには作用しないのが通常だ。

44　文系の余技

前項のスポーツ・武道とは違っていわゆる文系の余技は、出世にとって必ずしもプラスに作用するとは言いにくい。論文、小説、エッセイ、戯曲、詩、俳句、短歌、これらは、独りでノートやパソコンに書き留めているだけならどうということはない。自分止まりなのだから。

ところが、これらに好きでのめり込んでいけば、ほぼ必然的に外部へ発表して他人に知ってもらったり、評価、批判を受けたい気持ちになってくる。作品の客観性、普遍性の存否なども知りたくなる。

そしてあわよくば、支持されて世の中に受け入れられれば、賞をもらったり、原稿料や印税が入ってきたりする。勢い、活字にしたり、インターネットのホームページでブログをたたいたりすることになる。

変な話だが、人間の身体の大小、厚い、薄い、筋肉の付き具合などは、外部から見て一目で分かるものだが、能力は一見しただけでは一向には分からないものだ。自分自身にさえ良くは分からない。自分にもひょっとするとそのような能力があるのではないかと思ったりすることもなくはない。そこにこれら余技が役所において出世のためにマイナスに作用する縁由が潜むような気がする。

つまりは、俺にも出来るのだがといった一種の嫉《ねた》みが胚胎している。スポーツ・武道においては、外見からして適不適が容易に分かる。俺にも出来るのではと考える余地が乏しい。そこには嫉みをはらむ余地が少ない。

加えて、この種の余技は、株式投資の項でも書いたが、実態を良く知らない人々は、小説や戯曲、エッセイなどが活字になれば大金が入ってくるだろうという実態とは異なった思いを持ちがちだ。そのことが嫉みに輪をかける。

前記の余技の中でも、詩はともかく、俳句、短歌については比較的許されるのではないか。俳句、短歌を趣味として語り、作品を活字にし、堂々と発表している企業人は少なく

ない。それに、何よりも、短歌や、俳句で大金を儲けたなどという話は寡聞にして聞かない。

嫉まれては、出世はおぼつかない。

しかし、これらの余技はこの項の初めに書いたように、高じていけば事の性格上、必然的に外部に発表せざるを得なくなるものだ。発表するときには、本名ではやらない。

大事をとっていてもシリーズ物などを書いていれば、やがて、書いている者が近くにいるときには、それとなく分かってきてしまうものだが、その折は、徹底的に否認するに越したことはない。

「私ならもっと上手に書きますよ」と。

そこ止まり。それ以上御託を言っては、ま

すます疑いの目を向けさせるヒントを与えることになる。

もっとも、作品がその筋から高い評価を得て、スポンサーがつき、金がどんどん入ってくるようになるならば、それだけでやっていけるのであって、さらに良い作品を練るためにも、役所は辞職すべきで、その見込みがついたなら堂々と本名でいくのは申すまでもない。

コラム5　マージャン　負けるのが好き

この人は、役所人名鑑の趣味の欄にこう書いたのです。当時、マージャンは今のゴルフのように盛んでした。特にこの人が所属していた組織では、将来のトップと目される人が大のマージャン好きであったせいもあってか一際盛んでした。趣味をマージャンとして言ったり書いたりする人は少なくありませんでした。

しかし、この人のように「負けるのが好き」と、但し書きを付す人はありません。皆勝ちたいと思っているのですから。

「やや自虐的かと思います」

などと評論家ぶったコメントをする無責任な批評などはものともせずに、この人は書いたのです。

果たせるかな、マージャンの席があちこちからかかり、放課後は大忙しでした。この人の偉いところは、大忙しが放課後だけではありません。どこの部署へ行っても仕事に全力投球、資料を通勤電車の中にまで持ち込み消化に懸命でした。重そうに持ち歩く、黒の大きなカバンは、印刷物と本で溢れていました。

上司の発想を尊重し、それに具体的な肉付けをし、実施する腕に優れたものを、しばしば見せ、周りをアッと言わせたものでした。

この人は、そんなこんなの新規な着想と賢明な努力が実って大きく出世し、本庁の部長、個室の住人となり、局長級で卒業、民間会社の役員、取締役を務めています。マージャンの腕は秀逸で負けることは、あまりなかったようでしたが。

コラム6　特技「ピタリと付く」

この人は、

「おれの特技はぴったりくっついて離れないことだ」

と居酒屋のあちこちで部下を前にして言っていました。聞いた部下はいくら酒の席とはいえ、面と向かって、

「何にくっつくのですか?」

などとは聞けません。

陰に回って、

「あれは偉い人にぴたりとくっついて離れないのだ」とか、

「利益になることにだけくっつくのだ」

とか、口さがありませんでした。なるほど、見ていますと、確かに、くっつくのです。

この人が本庁の課長をしていたある日の昼下がり、廊下を足早に歩く総務部長に、ぶら下がらんばかりにして何かを喚き続けているのを目にしたものです。

「アッ、特技をしているな」

と皆は思ったでありましょう。

この人は、ある時点から、突然のように出世しだし、トントン拍子にして、先に行っていた同期生をたちまち追い抜いてしまいました。この頃の得意然たる顔が今でも眼に浮かびます。

だが、やがて凋落が始まりました。その端緒は、仕事でした。仕事は出来たのですが、自分の利益にならないと見ると、たちまち手を引いてしまう悪癖のようなものがありました。

それでも何とか出先の部長を勤め上げ、いざ第二の就職という局面で、くっついてきた実力者が半年ばかり前に突然、退職をしてしまいました。読み違えです。いくらくっつきのプロとはいえ、ここに至って突如くっつくには状況が許しません。

この人は、不本意ながら、現役がやるような仕事が待っていた職場に行かざるをえませんでした。

第五章　インフォーマルばかりにあらず

45　週刊誌やブログを良く読む

「週刊誌が書いているんだろう」

「週刊誌のことだもの」

「新聞に載っているのや、電車の中吊りの、週刊誌広告の見出しを読んだだけで十分中身が分かってしまう」

などと言って、天から週刊誌を相手にしないかのように語る人が少なくない。

しかし、ここで、今日まで続く主な週刊誌の発刊年をみてみると、一九二二年に『週刊朝日』と『サンデー毎日』、一九五六年に『週刊新潮』と『週刊文春』、一九五九年に『週刊現代』と『週刊ポスト』というふうに、およそ八十五年もの間、週刊誌は毎週毎週発刊

されてきている。この根強い需要は何を物語るのか。

人はともすると、こむずかしい表現の中にこそ真実が宿ると考えがちであった。写真一枚挿入されてない大部の哲学書、横文字の頻繁に出てくるハードカバーの思想書などにこそ人生の指針のようなものが存するものだと限定して考える傾きがあった。原書に首っぴきであれば、その人間をかなりの者だと見る傾向も同じだ。

確かにそのようなこともなくはないであろうが、そんな傾向とは対の極にあるような週刊誌がこれほど長く続いてきたのもまたその中に、多くの人々が求めるものがあったからだ。週刊誌は、社会のそちこちで生じる事象に本音で迫り、取材し、書いている。人々が求めるものは一面では本音なのだ。そこに見事に応えているのだと思う。

近年は、インターネットの普及でホームページのブログが盛んだ。日本ではもう八百万人が使っているとのことだ。その道の専門家によると、面白い人は百人に一人はいるそうで、その一人を素早く探し出すのが当面の課題だとか。

ブログは、全く無名の人々が各自思い思いに、思い思いの事を、いわば、勝手に書き綴っている。それらを多く読めば、今の時代のいくつかの歩む方向が浮かんできたりする。これはと思う作品に出会うこともある。

フィルターにかけられて仕上げられた週刊誌にしろ、生そのままのブログにしろ、人間の、人間社会の本音を語って余りあるのではあるまいか。

役所とその周辺だけで大部分の時間を過ごす役人は、どちらかと言えば市民個々の本音のようなものを知る機会が多くはない。週刊誌やブログを読みまくることによって、その不足分のいくらかは補充出来るはずだ。

それは基本的には市民を相手とする役所の仕事の遂行に大いに役立つ。そして何よりも、極めて人間の本音で多くのところが構成される、出世レースにおいて大いにプラスするはずだ。

46 転職・転身

総じて、これは止めるべきだ。そのことに特別の能力があると世間で評価され、そのことが好きで、やっていて時間の経過を意識しない事柄を持ち、今の収入を上回ることが見込める転身先、転職先があった場合以外は。

もっともこのような条件を満たすケースなどまずないと言ってよい。ごくごくまれに電子ソフト、コンピュータや作家、音楽、科学研究者などに見られることがあるが、それこそ特別な能力であってここでは論外。

凡人が今仮に、役所を飛び出て、民間会社に転職した場合に、仕事量は今の倍になり、収入は今の半分になる。しかも行った先ではいわば、一からの出直しだ。

転身、転職を試みた例は少なくない。その中から技術職にしばしば見られるが、会社新設に当たり役員の一人として参加したケースを紹介する。

高度成長期の頃、地方の実業高校で土木技術を学び、その学校からは年に一人や二人しか合格しないという東京都の入庁試験を通り入ってきた男がいた。一カ月やそこらの研修を終えた後、配属された事業所で、男は工事現場の工事を監督する役割を担わされた。もちろん、所属する係の長の指導監督の下でだが。

工事現場で、彼よりも年上の請負業者の社員達は、彼にペコペコ頭を下げる。彼の言うことはほとんどのことは、発注者である役所の意向として真正面から受け止められ、請負会社の社員たちは何とか通すよう努力する。少なくとも彼にはそう見えたのであろう。

何年かするうちに、役所の独身寮にいた彼は、夜間工事勤務などで自然に小金も貯まり、当時では珍しかった軽自動車を買って乗り回せるようにもなった。

同じような仕事、同じような職場を二カ所転勤して三十歳も近くなった頃、彼は親しかった業者から誘いを受けた。汚職の誘いではない。役所を辞めて、新たに設立する設計会社の役員の一人として是非参加してもらいたい、というのだ。

かなり儲かる見込みなので給与や交際費、社有車の使用などふんだんに高待遇が出来るとでも口説かれたのであろうか？　彼は先輩や係長などに一言も相談することなく、あっさり役所を辞めて設計会社に転職した。

当初、黒塗りの自動車を運転し、「取締役　営業部長」の名刺を差し出しては役所の中を挨拶回りする姿が見られた。だが一年もしないうちに彼は役所に現れなくなった。それからしばらくして、彼と小田急線のよみうりランド駅前で偶然出会ったという職員が出てきた。

その職員が言うには、彼は会社が苦しくやっていけるかどうかの瀬戸際だと言っていたのだという。その後、彼の消息はプッツリ切れ、彼がどうなったのか、三十年余りを経た今、どんな生活をしているのか誰も知らない。

この実例には、もう一つの実例がつく。彼が入庁した年、その学校からもう一人の男がやはり土木技術職として一緒に役所に入っていた。もちろん二人は地方の実業高校の同級生ゆえ相互に知っている。

配属先こそ違ったが、二人は同じような事業所で同じような仕事に従事していた。転職した彼が役所を辞めたときはもちろんヒラであったが、この男も同様にそのときヒラであった。男は、転職した彼よりは欲が少なく、仕事も、業者との接触も、一歩距離をおいていた。そして主任、主査、係長、統括という具合に出世の階段を着実に上っていった。

六十歳で定年退職した男は今、ある大手民間会社の技術顧問として、毎日元気に職場に通っている。

47　役所間の転身

仕事が平日毎日深夜まで及び自分の時間はおろか、睡眠時間さえ一日三、四時間しかとれず、土、日にまとめてドンと眠っている現実があったり、賃金が少なく、一人生活していくのがやっとで、貯金など一円も出来ず、絶えずサラ金と向き合うなどという日常は、少なくとも通常の生活で役所に勤務している限りは、まず、考えられない。

役所を途中で辞めてしまう人が少ないのは、基本的に生活の保障がなっている現実が大きく作用している。

大金は儲けられないけど、生活の心配はない。そのような役所を辞めて他の役所に移っていったり、新たに、その役所の入所試験を受けて入っていくという職員は稀にだがいる。

しかし、それは、実家の事情で田舎に帰らなければならなくなったとか、いわゆる一身上の都合が大部分だ。あそこの会社は給与が良さそうだから、そちらに鞍替えしよう、などというような民間ベースとは違った事情が大部分だ。

役所間の転身の場合は、前歴が一〇〇％加算される。収入減少の心配はない。新たに受験して入所する場合でも前歴は同様に加算される。

今流行の田舎暮らしのための生活手段の一つとして検討することも出来るのではないか。もっとも、地方の疲弊はひどく衰退するばかりだ、などという意見も大きくなってきてはいる今日なのだが。

それよりも何よりも、転身出来ること自体がごく少ない。一説には、地縁、血縁などコネクションがなければ絶対だめだともいわれているくらいだ。若年で、技術職が可能性としては高いと過去の実例などから言い得ようか。

ほかに、人事交流の型で、都道府県庁から国の役所や、市町村の自治体へ、その逆などのタイプが職務上の必要などから単発的だが頻繁に行われる。だが、これは数年に限ってその役所に勤務するというもので、そこの職員になるものではなく、原則として身分、所属は元の役所のままだ。都道府県から市町村の助役へいったり、国から都道府県の部長でいったり、だ。

このケースにかかわる職員は偉い人即ち出世した人、ないしは、出世しそうな人にかかわることが多く、その意味での一つの目安にもなる。かりそめにも、このような話があったら、出世を望む人は二つ返事で飛び乗るべきだ。逡巡して断るなど論外である。

地方自治体関係では、ほかに、この種のものでは、海外研修とは別に、技術協力などで東南アジアや、中国などへの半年や一年の滞在もある。生活習慣や文化の違いで、行く先によっては、一軒家を与えられメイドがついていたりする場合もなきにしもあらずだとか。

48　昇任、転勤、海外研修は断るな

出世を目指す者、昇任を断るなど考えられないと思うのが普通だ。昇任は組織のヒエラルキーをワンステップ上る、いわば出世だからだ。ところが、往々にしてそのような者が現れる。皆が何度も受験する幹部登用試験に一度で合格しながら、その合格を断ってしまった者さえ、かつて、いた。

その者は、翌年も同じ試験を受けて軽々と合格した。さすがにその時は合格取り消しを申請せず、遠い他の組織の管理職になっていった。いろいろ彼なりのいわば人生哲学があったのではあろうが。その後、彼がどうなったのかは寡聞にして知らない。年齢上はもう退職しているはずだが。

いくら困難ポストだからといって、その昇任を断る者は希有であろう。

「君に着目したからこそだ」

「いつまでもあのポストにいるわけではない」

「一年もしたら引いてやる」

「あそこをやっておけば将来にわたってハクがつく」

「後々、楽だ」

等々いろいろ説得されて、半ば、そんなものかと思いつつ渋々ながらも赴任していくものだ。

それに、断ってしまえば、

「それならこれはどうだ」

という話にはなるものではない。おおよその場合、

「それなら仕方がない」

で終わってしまう公算が高い。甚だしいときには、退職するまで昇任の話は以後なかったなどということにもなりかねない。

昇任とは違って、転勤を断る者は少なくない。夜間工事で稼いでいた者が夜間工事の扱

わない職場への転勤による月々の所得の減少、デスクワークから現場勤務へ、長年慣れ親しんだ職を捨てて新しい職務に従事しなければならない不安等々、理由を並べ立ててともかく自分だけは転勤を回避しようとする。

しかし、人事当局も、その者のキャリアや適正を出来るだけ考慮した上で発令内示を出す。

「はい、そうですか」

とはなかなか言えない。そこで内示を受けた者は内示反対とばかりに労働組合に駆け込むという図式になる。

何度もこれをやっていれば、労働組合だっていい顔はしまい。人事当局もそのことによって学んでいる。これは常習に近い、と。

転勤は、基本的には組織の要請、事実誤認のようなとんでもないもの以外は、出世を目指す者は断ってはマイナスに作用するであろう。

海外研修への派遣は、世界経済がグローバル化している今日でも、一部の者を除いて、役所においては、勉強のためとは言うものの、なお、当人の日頃の働きに対するゴホウビの色合いが濃い。

まれに、ゴホウビを断る者がいる。派遣先の国が駄目だというのだ。これを断ればもっと望む国に回されるだろうとでも思っているのであろうか。ヨーロッパに行きたいと言って断った者は、以後、退職するまで海外行きの話はなかった。ゴホウビをもっとよこせといった類の話であろう。そんな事を言う人は数少ない。出世にとってどう作用するかは言うまでもない。

49　インフォーマルばかりを強調しているのではない

最後に、一昔前になってしまったが、初版本に寄せられた意見あるいはそのようなものに答えておきたい。

まず第一に、「まえがき」にも少々触れたが、役所で出世するためには、ほとんどがインフォーマルへの努力いかんで決まると受け取った向きがあった。

これは全く違っている。どこの世界でも、何をするにもメインは仕事が中心の、支柱の視点を持って考え方を構成し、行動しなければならないのは言うまでもない。

組織体は、仕事の遂行を目的としてつくられ維持されている。仕事がなくなれば組織体は存続の意義がなくなる。この点はあまりにも当然なことで、ほとんどの人が前提に置いている。

役所は巨大組織であり、カバーする仕事は広範囲、多岐にわたっている。仕事の内容が職場、職場で異なり、必ずしも一律にはいかない。

集金成績を上げることが目的の職場もあれば、家庭で親にいじめられている児童を見つけ保護する職場もあれば、工事用地を買収する仕事もある。

これら多岐にわたる仕事に通底することは、ただ一つ「仕事を達成する」ということに尽きる。各仕事、各職場には長年培った仕事遂行のためのノウハウがそれぞれに蓄積されている。

しかし、それは仕事の多岐性から、各々それぞれに必ずしも共通項を持つものとは言いにくい。共通項は「仕事を遂行する」ただ一つだけとも言える。

そして、事はメインの仕事のこと。新参者は堂々と正面から、そのノウハウを聞いて回ってマスターすることが容易に出来る性質のものだ。

職場の先輩もこの点については、正面から指導、伝授するにやぶさかではないはずである。フォーマルだからだ。フォーマルには皆自信を持ってそれなりに真正面から取り組んでいけるという性質があり、その是非も正面から堂々と大声で論議出来る。

ところが、インフォーマルはそうはいかない。新参者が聞いて回って教えてくれる先輩などはいない。よほど親しくなって（親しくなるのはインフォーマルが主要な要素をなすのだが）初めて「この職場の付き合いは…」「所長の癖は…」「派閥は…」などと、そっと教えてもらえることがあるという程度なのだ。中には、

「そんなものはないよ、あるのは仕事だけだ」

などとうそぶく先住者さえいる。

インフォーマルは、その個々が効果の点で不確かであり、それを検証する手立ては表面切ってはない。「…であったのだろう」「そうだったのだろう」程度の話なのだ。とても正

面切って言えるようなことではない。誰も教えてはくれない。

したがって、甚だしい場合には、インフォーマルは出世には何の役にも立たないなどと本気で思っている若い人がいる。仕事さえ一生懸命やっていれば出世をすると本気で思っている。

五十歳位になって、どこかおかしいぞと気づき、やっぱりインフォーマルもありなんだな、と気づいたときには、すでに間に合わない。それを、初めから知っていれば、もっと打つ手もあり、もっともっと上位へ出世していたかもしれないというケースを筆者は長い役所生活で、しばしば実例として見てきた。

そこで各職場、各仕事に通底することの多い、出世のためのインフォーマルの数々を公に披瀝し、インフォーマルの必要性をアピールして考えてもらうこととしたわけである。出世はほぼインフォーマルだけで決まる、などと天から決めて書いていたのではない。第二に、本人の成功譚から抜けられないところからくるのでもあろうか、特段、インフォーマルなど意識しなくとも、常識の範囲で動いて一生懸命仕事をしていれば出世をするものだ、とするものがあった。そして、もしそれでも出世しなければ、制度が悪いのであって制度を改めるべきだというのだ。

今ある制度を前提として、いかに出世すべきかということを書いた本をとらまえて、制度を変えろとはトンチンカンもいいところだが、それよりもなお、制度をどのように変えるのであろうか？　さらには、変えるための手立て、方法論などは何ら言及されていない。そのことこそ実務の世界では重要なのだろうが。ただただ、制度を変えよと叫ぶだけでは説得力は希薄だ。

第三に、

「民間ではこんなものではない。出世のため皆ガリガリやっている」

などという意見ならぬ感想文崩れのようなものもあった。民間との比較を云々することが役所における出世にどう響くのかさっぱりわからない。

感想文はさらに役所の出世がこの程度かと思われたのでは恥ずかしいといった趣旨のことに及んでいた。一体何を言っているのか、それこそ恥ずかしい。

以上、初版本に寄せられた意見を少しく紹介し、反論を書いたが、筆者も含めて人間の認識はいかに多様なものであるかということを改めて知るに及んだものである。

50　出世は必ず、いつかは the end となる時が来る

華々しい出世も、そこその出世も、苦心惨憺ようやく這い上がった出世も、すべての出世は、必ず、やがて終わる。人生がやがて終わるのと同じだ。

出世した人々の大半は、当初「その位置よ、いつまでも」と希求するかもしれない。後継者を出来るだけつくらないようにして、側近選びを吟味する者もいるかもしれない。

しかし、それはかなわないことをやがて知る。制度上の定めの例外として、定めを乗り越えたとしても、やがては心身のエネルギーがそれを許さなくなってくる。

エネルギーが許す段階ではおれの方が優れている、もっと出来るなどと制度上の定めを納得しかねる心情を持っていても、心身のエネルギーが許さなくなってくればそれを納得

せざるを得ない。要はそこまでの勝負なのだ。はるか、そこまで行く前に、簡単な分析と展望だけで、結論づけてはいけない。いったん出世を決意したなら、執拗に、そのための努力、工作をあらゆる機会をとらえて、続けなければいけない。

途中で休んでみたり、投げ出してしまっては、それまでの努力が水泡に帰す。好きな他の事をしていた方が良かったということにもなる。

組織で事を成していくことが通常の事となってしまった今日、組織は必然的にヒエラルキーを作り出す。個々のヒエラルキーをめぐってレースが展開され、さらに上へ上へと競争は激化する。

それを表面上は色気を示さず、何事も組織のため、とのパフォーマンスの下で、普段はシコシコと、そしていざこことというときは全力を投入してレースを駆ける。

ヒエラルキーのどこでストップしてしまうにせよ、一つステップを上れば、それはそれなりに出世と客観的には評価出来るものと思う。「彼は○○まで出世した」というやつである。

しかし、なかなか当人にとっては、満たされるものではないのが通常ではあるまいか。「もっと、上へ行けたはずだ」という自らの思いであり、周囲の外交辞令に代表されるものだ。

されど、終わりは終わり。誰もが、皆がみな、上り詰められる制度にはなっていない。精一杯努力したのだと自己納得づける作業を行うしか方法はあるまい。不完全燃焼のまま終わるのこそ千載に悔いを残す。ベルはすでに鳴り止んでいるのだ。

コラム7　消えてしまった秀才

男は、言わば生意気でした。その頃はまだ、知識偏重が尊重され、いわゆる偏差値の高い学校を出て、良い会社に入ることが、生涯を安楽に過ごせるというコンセンサスが世の中に厳然と存在していた時代でした。

男は小学生の頃から都内の有名塾に通い、神奈川県の有名であった私立高校を出て、これまた名の通った予備校に一年通って、東京大学法学部を目指したのだそうでありますが、残念ながら不合格、泣く泣くなのかどうかは知りませんが、それでも国立大学の入学試験競争ではかなり上位のある大学の看板学部を卒業し、役所に入ってきました。

活字と書類を相手にする仕事は際立って良く出来ましたが、それ以外の対人接触を中心とする住民サービス、他部署との調整などはからっきし出来ませんでした。出来ないどころか相手を怒らせてしまうことが、しばしばありました。

しかし、当時からペーパーテストの弊害が指摘されていた、入所六年目で受験資格を得られる幹部登用試験には一度で簡単に合格しました。その意味では役所内のエリートとして公認されたわけです。合格後、合格同期生達と同様に組織のどさ回りに出されました。一、二年ずつ三、四カ所、出先部署を回るのです。その間、昇進も昇給もありません。どさ回りに出て間もなく男は、仕事をちょくちょく休むようになりました。そのたびに、当日の朝、男の父親が連絡してくるのでした。三十歳を超えた男の父親が、です。単に、

「休みます」

とだけ言って早々に電話を切ろうとします。事情の説明はありません。

間もなく男は役所を辞めてしまいました。塾を経営し、小・中・高生を教えるという触れ込みでした。それから数年して、役所時代の知人が、偶然、男に出会いました。男はある地元の大企業のセールスマンをしていたということでした。

コラム8　本当に、かつて、こんなこともまかり通っていた

何と、こんなことも許されるのか？　と開いた口が塞がらなかったことがありました。役所へ入って間もない新人の頃のことです。同じフロアの奥まった所に課長の机があってその椅子だけは深々とした大型で白の洗濯の効いたカバーが、当時、用務員といわれた女

性によって毎朝掛け変えられていました。

課長は、部下の皆が出勤を終えた後三十分ぐらいしてから、ノソリと現れるのを常としていました。着席するや、深々とした椅子に背持たれ、居眠りを始めるのです。冬場などは手袋をはめた手を前にきちんと組んでは、コックリコックリとやるのです。

午後も大抵はそれなのでした。それが日課のごとく毎日でした。一年ばかりして、その課長には転勤辞令が出ました。それまでとは違い住民接触の全くない部署でした。

背面の座席に座る自分の係長に書類を渡す際、後ろを振り返りもせず、自分の肩越しに、

「ハイ、書類」

と言って書類を突き出すスタイルを取り続けた豪の者?もいました。係長は何も言わず黙って差し出された書類を受け取っていました。

ある中年の男、ヒラは、出勤するや机の上にデンと短波ラジオを据え、新聞の株式欄を大々的に広げ、赤鉛筆を手に、耳にイヤホンを挟みます。いかにもこれから取りかかる仕事の準備をするような仕草でした。

実は、個人の金儲け。株式投資です。仕事とは全く関係がありません。男は、前場の終わる午前十一時まで、株式銘柄の現在値のチェックにかかりっきりです。

さすがに午後は、自分の仕事らしきものを少しはしましたが、その間中も、役所の電話を使って、日本証券業協会のテレホンサービスに頻繁につなぎ、株価の現在値を確かめていました。ある日、見兼ねた係長がそっと注意したことがありました。男は別に悪びれる風もなく係長に言ったものでした。

「今夜、どうですか？　クインビーで？」

と言ってニヤリと笑い、右手でコップを掴んで飲む真似をしました。それで終わりです。かなり儲けていたのかもしれません。翌日もテレホンサービスでした。

以来、多くの時間が流れ、これらの人々の行為も、いわゆる時効になってしまいました。関係者もこの世の人ではない人が多くなった今日、時代のセンスも変わり、もうこのような漫画チックな手合いは見たくとも見られなくなりました。

あとがき

ずばり出世を書いた本は数少ない。活字に出来ることが限られるからだ。活字にした場合、書く者の品格まで疑われかねないことが少なくない。

出世の要件は、要約すれば二つだ。「仕事が出来ること」と「上司に抗《あらが》わないこと」である。

仕事については、あれこれと普遍性のあるノウハウは少ない。要するに民間ベースなら結果オーライ。役所だって今やそんなところがある。仕事が出来れば良いのだ。仕事の個々別々には山ほどたくさんのノウハウがあるだろうが、それは決して表には出てこないし、強いて、表に出しても普遍性はない。個々別々に、仕事の完遂にはどのようにすれば良いかとして、正面切ってのマニュアルや口伝をもって伝えられていく。

一方、上司に接するコツや、その周辺の立居振舞いなどインフォーマルは種々、個別、何でもありの領域で、具体的に、表立って語れるようなものではないものも多い。だが、それらはかなりの普遍性のあるものが少なくない。しかし、これを語るには勇気がいる。まして活字、印刷物などは出て来にくい。

そんな状況の中から最近のもので、日本人によって書かれたものではないが、フランク・アドランティ（Frannku Adoranti）著『あの人だけがなんで出世できるのか』（２００６年12月1日初版。日本実業出版社発行）を紹介しておく。インフォーマルだけを書いているとも言い得る本だが。

次に、「出世」という言葉には、手段としてフォーマルにしろインフォーマルにしろ、どこかある種のいやらしさの響きが伴うのではないだろうか。とくに、出世レースの途上にある、「工作」と「評価（定）」には、それがオープンにされない性質のものだけに、なんとはなしにいやらしいものが内含されているのではないかとする雰囲気があるのは否めないのではないか。

しかし、出世をしてしまった人には、特に、その道のトップを極めたような場合には、決してそのような感情を抱かない。立派な人だ、大変な出世をした人だ、努力家だ、偉い人だ。賛辞は尽きないものとなる。そこまでのすべては帳消し。「勝てば官軍」の色彩が色濃くにじむ。

逆に、出世を意図しながら、中途で失敗してしまった場合には目も当てられない。出世のためになした数々の努力は、特にインフォーマルにおいては、あほらしきものとして一笑に付されてしまう。出世への努力を始めたら「必ず出世せよ」である。

最後に、中途で、なんらかの事情の下、願いかなわず不本意ながら出世レースをリタイアせざるを得なくなってしまった向きに。仕方がない！　若い人なら「人間《じんかん》到る所青山《せいざん》あり」だ。年輩の方には「人生あきらめが肝心。やるだけのことはやった」と思いたい。「他の事に目を向けよう。向ける対象はまだまだ残っているはずだ」。

本書の出版にあたっては、都政新報社の佐々木保氏に、一方ならぬお世話になりました。ここに改めて感謝と御礼を申し上げます。

平成19年3月　　春浅い東京の郊外で

「時去りて　主無き庭の　寒椿」

本書は、１９９８年に小社が刊行した『お役所で出世する法』の内容を全面改訂・再編集したものです。

本宮　春城（もとみや　はるき）

昭和15年宮城県仙台市生まれ。同県北の石越村で育つ。早稲田大学第一法学部卒業。東京都庁に入る。都の区役所出向も含め21カ所の職場を転勤し32年余を勤める。

勧奨退職後「行政対応研究所」設立。西武建設㈱嘱託として7年1カ月勤務。平成18年行政書士登録（昭和40年同試験合格）。東京都行政書士会所属。

平成13年から同15年東京都多摩市個人情報保護運営審議会委員。平成15年から同17年東京都多摩市廃棄物減量等推進審議会委員。

『日本を変えよう　水系による分州の勧め』（共著・中日新聞社）、『お役所で出世する法』（都政新報社）等の著書がある。


お役所「出世学」50講　**地方公務員の人生読本**

2007年5月28日　初版発行　定価：本体1400円＋税

著　　者　本宮　春城
イラスト　なかむら　しんいちろう
発 行 人　大橋　勲男
発 行 所　㈱都政新報社
〒160-0023 東京都新宿区西新宿7-23-1 TSビル
電話 03-5330-8788　振替 00130-2-101470
http://www.toseishimpo.co.jp/
印刷・製本　藤原印刷株式会社

乱丁・落丁本はお取り替え致します。　Printed in Japan

ISBN978-4-88614-156-9